PALABRAS DE ESPERANZA

PALABRAS DE ESPERANZA

Selección de pensamientos de Juan Pablo II

PALABRAS DE ESPERANZA

Corporativo Reader's Digest México, S. de R. L. de C. V.
Departamento Editorial Libros
Editores: Arturo Ramos Pluma,
Beatriz E. Ávalos Chávez
Asistente editorial:
Gabriela Centeno

Título original de la obra: *Slowa Nadziei*

Compilación original de los textos realizada para Reader's Digest
Przeglad por Wieslawa Lewandowska
© 2003 Reader's Digest Przeglad
Varsovia, Polonia

Edición propiedad de Reader's Digest México S. A. de C. V., preparada
por **Alquimia Ediciones, S. A. de C. V.**

D.R. © 2003 Reader's Digest México, S. A. de C. V.
Av. Lomas de Sotelo 1102
Col. Loma Hermosa, Delegación Miguel Hidalgo
C. P. 11200, México D. F.

Visite **www.selecciones.com**
Envíenos sus dudas y comentarios a:
editorial.libros@readersdigest.com

Esta primera edición se terminó de imprimir el 25 de septiembre de
2003, en los talleres de Gráficas Monte Albán, S. A. de C. V.,
Fraccionamiento Agroindustrial La Cruz, Municipio del Marqués,
Querétaro, Qro.

ISBN: 968-28-0363-2

Editado en México por
Reader's Digest México, S. A. de C. V.

IMPRESO EN MÉXICO
PRINTED IN MEXICO

Prólogo

A lo largo de su fecundo magisterio, Juan Pablo II no ha desaprovechado ninguna oportunidad para hacer llegar su mensaje al corazón de todos los cristianos. Por medio de encíclicas, cartas, exhortaciones y declaraciones apostólicas, el Papa ha legado al mundo palabras iluminadoras sobre la fe, el amor, y los desafíos que nuestra época plantea a toda la humanidad. Estas palabras se han prodigado no sólo en documentos pontificios sino también en el curso de su ministerio pastoral y en multitud de homilías, encuentros, audiencias, actos y ceremonias religiosas.

Aparte de las enseñanzas ex cátedra, prerrogativa del Pontificado, los pensamientos y citas que aquí se recogen proceden en muchos casos de enseñanzas y consejos íntimos, casi privados, adaptados siempre al tono y carácter del auditorio, e improvisados durante viajes, encuentros y peregrinaciones. Pero sea cual sea la ocasión —solemne o informal—, en que fueron pronunciadas estas palabras tienen la virtud de mostrarnos el pensamiento de un ser excepcional, que a lo largo de sus 25 años de fecundo Pontificado ha regido la Iglesia católica por rumbos nuevos y ha propiciado cambios históricos innegables, no sólo en su país sino en Europa y en todo el mundo.

A través de estas citas, el Papa se dirige al corazón de los creyentes, a todos los hombres de buena voluntad, sin distinción de credo. Hemos agrupado estos breves y luminosos pensamientos, dichos en forma sencilla, en capítulos sobre la esperanza, la fe, el amor, la misericordia, el sufrimiento, la paz, la libertad, la verdad o el trabajo. Estos conceptos buscan conciliar las tareas cotidianas con la conciencia moral, la paz del espíritu, la esperanza, la libertad, la dignidad humana y otras muchas exigencias del hombre de nuestro tiempo.

Primera aparición de Juan Pablo II en el balcón de la Basílica de San Pedro.

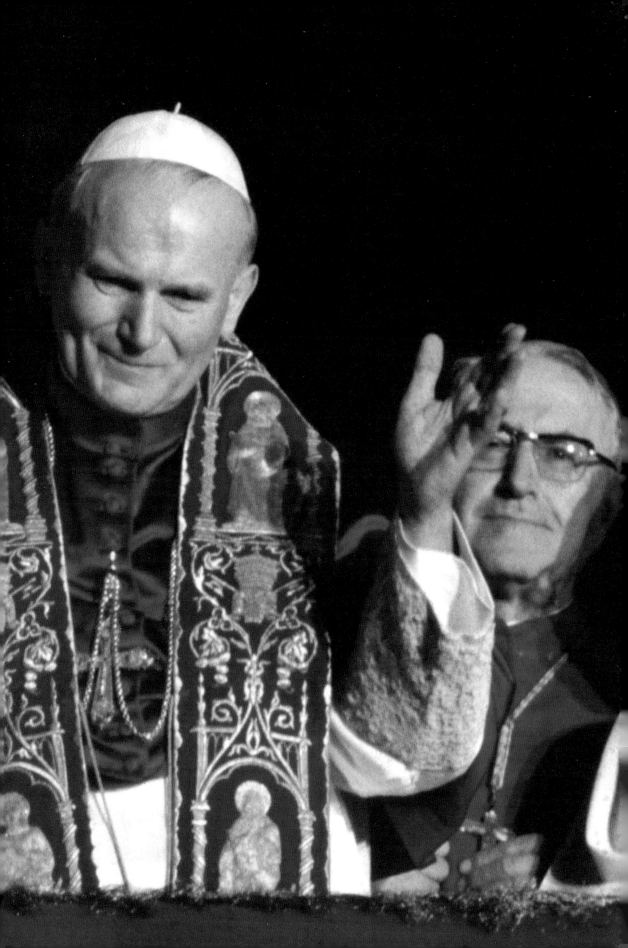

Palabras de esperanza

22 de octubre de 1978, inauguración del pontificado, palabras a los polacos

¿Qué decir? Todo lo que pudiera decir pierde toda fuerza frente a lo que siente en este momento mi corazón. Y también en relación a lo que sienten vuestros corazones. Por tanto, ahorremos palabras. Que quede tan solo un gran silencio ante Dios, un silencio que constituye una oración en sí mismo. ¡Os ruego que estéis conmigo! ¡En Jasna Góra y en todas partes!

---

4 de junio de 1991, Lomza (Polonia), homilía durante la Santa Misa

La única simiente que da fruto es la que cae en tierra fértil. ¿Quién es esa tierra fértil? Aquel que escucha las palabras y las entiende. Escucha y comprende. No basta con oír, hay que comprender con la razón y con el corazón.

---

11 de mayo de 1984, Phanat Nikhon (Tailandia), en un campo de refugiados

Quiero que sepáis que mis palabras van más allá de todas las fronteras del idioma. Son pronunciadas con la lengua del corazón. Estoy con vosotros con el corazón.

La fe

7 de julio de 1986, isla de Santa Lucía, durante la Santa Misa en el Reduit Park

El regalo de la fe otorga «ojos luminosos del corazón» (Efesios 1,18), mostrándonos una imagen nueva de la vida y del mundo. Todo lo que le ocurre al hombre adquiere una nueva perspectiva al saber que Dios es nuestro Padre, un Padre que nos ama, que nos cuida con bondad y con compasión.

«Cruzando el umbral de la esperanza» ,1994

Cristo con toda seguridad desea la fe. La desea del hombre y para el hombre.

---

25 de marzo de 2000, Nazaret (Israel), Santa Misa en la basílica de la Anunciación

María, más que ninguna otra persona, nos puede enseñar lo que significa vivir con la fe «de nuestro padre».

La historia nos enseña que sin fe desaparece la virtud, palidecen los valores morales, la verdad pierde su brillo y la vida su sentido trascendente, de forma que incluso el servicio a la patria puede verse privado de toda motivación profunda.

24 de enero de 1998, Santiago de Cuba (Cuba), homilía durante la Santa Misa

---

La fe no nos aísla del mundo ni del prójimo. Gracias a ella podemos situarnos más cerca de sus problemas y esperanzas.

25 de enero de 1990, Islas de Cabo Verde, discurso de bienvenida

---

Es necesario tener valor para no apartar de nosotros la luz de la fe. Es necesario que en los corazones de los creyentes aparezca el deseo de santidad que conforma no sólo la vida privada, sino que influye en toda la sociedad.

16 de junio de 1999, Stary Sacz (Polonia), homilía durante la Santa Misa

---

La fe agudiza nuestra mirada interna y abre la mente, permitiéndonos comprender la presencia activa de la Providencia en el curso de los acontecimientos.

Encíclica Fides et Ratio (16)

La historia nos enseña que las gentes y los pueblos que creen que pueden arreglárselas sin Dios caen siempre víctimas de la autodestrucción.

24 de junio de 1988, Eisenstadt (Austria), homilía durante la Santa Misa

---

La fe es un regalo de Dios mismo, que se acerca al hombre con la palabra de la Verdad absoluta, pero también es una respuesta para el hombre que sinceramente busca encontrarse con esa Verdad: el encuentro con Dios.

15 de noviembre de 1991, Brasilia (Brasil), homilía durante la Santa Misa

---

Nuestra confesión de fe en Cristo como Hijo único a través del cual vemos el rostro del Padre (Juan 14,8) no es un síntoma de arrogancia y menosprecio hacia otras religiones, sino un alegre testimonio de gratitud porque Cristo ha aparecido ante nosotros sin mérito alguno por nuestra parte.

1 de octubre de 2000, el Vaticano, antes de la oración del «Angelus» sobre la declaración «Dominus Iesus»

«Cruzando el umbral de la esperanza», 1994

Ninguna estadística que mida de forma puramente numérica la fe, por ejemplo midiendo la participación en los ritos religiosos, alcanza lo esencial de esta cuestión. Las cifras solas no bastan para estos casos.

---

1 de junio de 1991, Koszalin (Polonia), homilía durante la Santa Misa

La civilización europea y el progreso han dejado atrás aquella búsqueda de Dios a tientas (que aun así era búsqueda y que de alguna forma llevaba a Él). Sin embargo, todos hemos heredado ese tesoro. Hemos recibido más con Cristo que con el Decálogo.

---

5 de octubre de1986, Lyon (Francia), diálogo con los jóvenes en el estadio de Gerland

Dios está presente, pero puede ser que nosotros no estemos presentes. No es que Dios no acuda al encuentro, lo que puede ocurrir es que nosotros no hemos comparecido en él.

«Cruzando el umbral de la esperanza», 1994

(…) el provecho de la fe no se puede calcular en ningún tipo de bienes, ni siquiera en bienes de naturaleza moral. La Iglesia no niega nunca que el hombre no creyente puede ser también honesto y noble.

---

9 de noviembre de 2001, Tbilisi (Georgia), encuentro con los representantes del mundo de la cultura y de la ciencia

¡No temáis a Jesús! La fe en Él nos abre el mundo espiritual que ha sido y sigue siendo fuente de la energía intelectual y espiritual para la humanidad.

---

5 de octubre de 1986, Lyon (Francia), diálogo con los jóvenes en el estadio de Gerland

¿Para qué sirve la fe? (...) Si queréis utilizar a Dios y la religión como un elemento necesario para ser felices, serviros de ambos para beneficio propio, o para llevar a cabo con eficacia empresas que dependen de la naturaleza, de la inteligencia o del corazón que os han sido entregados por Dios para dominar el mundo, e incluso para mejorar vuestra actitud moral, os espera la desilusión. Dios no es un medio para reparar nuestras faltas.

Es necesario que todo tipo de «necesitados» reciban esperanza.

9 de marzo de 1983, Puerto Príncipe (Haití), durante la Santa Misa al final del Congreso Eucarístico

---

Hay una cosa importante a la hora de cruzar el umbral de la esperanza: no detenerse ante él sino dejarse conducir.

«Cruzando el umbral de la esperanza», 1994

¡Construid un futuro de esperanza dejándoos conducir por la sabiduría de la paz!

8 de febrero de 1996, San Salvador (El Salvador), durante la Santa Misa en la explanada «Siglo XXI»

Los mártires beatificados claman a nuestros corazones: ¡Creed que Dios es amor! ¡Creed en el bien y en el mal! ¡Despertad en vosotros la esperanza! ¡Que esa esperanza dé en vosotros el fruto de la fidelidad a Dios en toda prueba!

13 de junio de 1999, Varsovia (Polonia), homilía durante la Santa Misa en la plaza de Józef Pilsudski

---

Yo también llegué hasta aquí como un peregrino de esperanza. Siempre he sabido que la juventud es la esperanza tanto del futuro de la Iglesia como del futuro de la humanidad.

15 de agosto de 1993, Denver (Estados Unidos), discurso de despedida en el aeropuerto de Stapleton

---

Puede que ahora, en este preciso momento histórico, la esperanza esté más amenazada que nunca. Y al mismo tiempo se vuelva totalmente indispensable. La esperanza, que es la fuerza del hombre, lo fortalece ante sufrimientos y adversidades.

12 de junio de 1987, Czestochowa (Polonia), «Llamamiento en Jasna Góra»

Una señal de esperanza es la creencia cada vez más difundida de que no se puede nunca arrebatar la dignidad a la vida del hombre, incluso en el caso de que éste se haya entregado a un gran mal.

27 de enero de 1999, Saint Louis (Estados Unidos), homilía en la catedral del Santísimo Corazón de Jesús

---

*17 de agosto de 2002,
Cracovia-Lagiewniki (Polonia),
homilía durante la Santa Misa*

(…) no hay para el hombre otra fuente de esperanza que la misericordia de Dios.

---

*11 de septiembre de 1983,
Viena (Austria), durante el
Katholikentag*

La experiencia nos indica que hay muchas personas jóvenes y mayores que han perdido la esperanza. ¡Sin embargo, es imposible vivir sin esperanza! Pero, ¿de qué forma podremos nosotros encontrarla de nuevo? ¿Cómo podemos mostrarle a otros el camino de la esperanza? (…) La visión esperanzadora está vinculada de manera inmemorial y para siempre con el hecho de que cada persona y la humanidad entera pueden ponerse de pie y caminar hacia el Padre.

*12 de junio de 1987,
Czestochowa (Polonia),
«Llamamiento en Jasna Góra»*

¿Qué es la esperanza? ¿Cuál es su significado? Significa: no te dejes vencer por el mal, sino vence tú al mal. El mal es susceptible de vencerse. En eso consiste precisamente la fuerza de la esperanza.

El amor

*«El taller del orfebre», obra
teatral de juventud de Karol
Wojtyla*

El amor no es un simple suceso. Tiene el sabor del hombre en su totalidad. Tiene su peso específico. Y el peso de todo su destino. No puede durar tan solo un instante.

---

*«Cruzando el umbral de la
esperanza», 1994*

¡El amor no se puede enseñar, y al mismo tiempo no hay nada que merezca más la pena de enseñarse que el amor! Cuando era un joven sacerdote aprendí a amar este amor humano.

---

*14 de junio de 1987, Varsovia
(Polonia), homilía durante la
Santa Misa en la Plaza Defilad*

La abundante energía del amor en el corazón del hombre se ha dispersado, limitándose a las meras cosas materiales. Como consecuencia, el hombre no está pudiendo amar suficientemente ni a su prójimo ni tan siquiera a sí mismo y aún menos al mundo. Ha caído en lo contrario al amor.

El verdadero amor fraternal tiene su origen en el amor a Dios, que es el Padre de todos nosotros.

_____

14 de junio de 1984, abadía de Einsiedeln (Suiza), encuentro con los obispos y el clero

El amor y la vida de acuerdo con el Evangelio no pueden ser entendidos como mandatos, porque sus exigencias superan las fuerzas del hombre: resultan posibles tan solo como frutos de un don otorgado por Dios.

_____

Encíclica Veritatis Splendor (23)

Hoy es preciso decir: «No hay solidaridad sin amor». Aún más, no hay futuro para el hombre y para la nación sin el amor, sin ese amor que perdona aunque no olvida, amor que es sensible al infortunio de los otros, que no busca solamente lo suyo sino que desea el bien para los demás; sin ese amor entregado, que se olvida de sí mismo y está dispuesto a la entrega generosa. Queridos hermanos y hermanas, estamos llamados a la construcción de un futuro basado en el amor a Dios y al prójimo. Construyamos la «civilización del amor».

_____

5 de junio de 1999, Sopot (Polonia), homilía durante la Santa Misa con ocasión de los 1000 años de la canonización de san Adalberto

Llegará el día en que nacerá un amor unificado. Todo indica que vivimos precisamente para ese día.

_____

«Cruzando el umbral de la esperanza», 1994

El hombre no puede vivir sin amor, porque entonces se convierte en un ser incomprensible para sí mismo, su vida pierde sentido si el amor no se le manifiesta, si no lo encuentra, si no lo toca y no lo convierte de algún modo en algo propio, si no tiene una participación viva en él.

_____

Encíclica Redemptor Hominis (10)

¿Qué significado tiene decir que el amor es más fuerte que la muerte? Significa: «No te dejes vencer por el mal, sino vence al mal con el bien»

_____

18 de junio de 1983, Niepokalanów, homilía durante la Santa Misa

El amor y la justicia van de la mano.

22 de agosto de 1997, París (Francia), beatificación de Federico Oznam en la catedral de Notre Dame

Juan Pablo II en el primer aniversario de su papado.

La misericordia, antorcha de la nueva civilización

La mentalidad del hombre contemporáneo, quizá aún más que la del hombre del pasado, parece oponerse a la misericordia de Dios, y tiende a dejar a un lado la idea de misericordia y a alejarla del corazón del hombre. La palabra «misericordia» y su sentido producen la sensación de molestar al hombre, que se ha convertido, más que nunca en la historia, en dueño y señor y ha dominado la Tierra más que en el pasado gracias a un desarrollo renovado de la ciencia y la técnica desconocido anteriormente (comparar con el Libro del Éxodo 1,28). Tal «dominación de la Tierra» entendida de una manera única y superficial parece no dejar ya ningún sitio para la misericordia.

Encíclica Dives in Misericordia (2)

(…) el amor se convierte en misericordia cuando supera la medida precisa de la justicia, una medida precisa aunque a veces demasiado estrecha.

Encíclica Dives in Misericordia (5)

¿Quién puede acaso negar que el mandamiento de la misericordia, el perdón de las ofensas, la entrega, el cuidado de los necesitados, es decir, todo aquello que constituye la esencia del mensaje espiritual de la religión es un valor precioso para la sociedad?

5 de junio de 1989, Helsinki (Finlandia), a los reunidos en el Finlandia Hall

La conciencia humana cuanto más pierde el sentido de la palabra misericordia, sucumbiendo a la secularización, cuanto más se aleja del misterio de la misericordia, alejándose de Dios, tanto más la Iglesia tiene el derecho y el deber de apelar a la misericordia divina mediante un gran «llamamiento».

Encíclica Dives in Misericordia (15)

Puesto que la misericordia es la dimensión indispensable del amor, viene a ser como su segundo nombre (…).

Encíclica Dives in Misericordia (7)

Encíclica Dives in misericordia (6)

Es necesario redescubrir una comprensión adecuada de la misericordia. En la época en que vivimos, pese a todas las advertencias, resulta especialmente necesario.

7 de junio de 1991, Plock (Polonia), discurso a los presos de la prisión

Mi misión consiste en despertar en la gente, sobre todo en aquellos que más lo necesitan, el recuerdo de que han sido creados a imagen de Dios. Mi misión es anunciar a la gente, incluso a los mayores pecadores, que Dios está lleno de misericordia y que Jesucristo mostró más corazón aún ante los pecadores más obstinados.

17 de agosto de 2002, Cracovia-Lagiewniki (Polonia), homilía durante la Santa Misa

(…) quiero llevar a cabo el acto solemne de entregar el mundo a la misericordia divina. Lo hago con el ardiente deseo de que el mensaje sobre la misericordia divina, que fue anunciado por mediación de san Agustín, llegue a todos los habitantes de la Tierra y llene sus corazones de esperanza.

6 de enero de 2001, el Vaticano, Carta apostólica «Novo Millennio Ineunte» (49)

El siglo y el milenio que comienzan serán testigos, y sería deseable que lo fueran aún más que hasta ahora, de la gran abnegación que exige la misericordia hacia los más desfavorecidos.

7 de junio de 1997, Zakopane (Polonia), discurso en el santuario de la Misericordia Divina

No hay nada que el hombre necesite más que la misericordia divina: ese amor bondadoso, compasivo, que eleva al hombre por encima de su debilidad hacia las alturas infinitas de la santidad divina.

El sentido del sufrimiento

14 de febrero de 1981, Kaduna (Nigeria), homilía durante las ordenaciones

El sufrimiento está unido estrechamente a la aceptación, porque cuando aceptamos el sufrimiento que nos otorga la Divina Providencia nos acercamos interiormente a la voluntad de Dios Padre.

El martirio de la cruz constituye la clave para descifrar el gran misterio del sufrimiento que está tan intrínsecamente vinculado a la historia del hombre. En ello coinciden incluso los críticos contemporáneos del cristianismo. Ellos también ven en la crucifixión de Cristo un testimonio de la solidaridad de Dios con el sufrimiento humano.

«Cruzando el umbral de la esperanza», 1994

El sufrimiento no es nunca merecido y pese a su aparente explicación parcial resulta difícil de aceptar y de comprender, incluso para los creyentes. La fe no nos libra de sufrir. Sin embargo, nos vincula de manera invisible al sufrimiento de Cristo (…).

15 de agosto de 1983, Lourdes (Francia)

Hoy se necesita una nueva «imaginación de la misericordia» cuya manifestación no sea tanto proporcionar ayuda eficaz, sino la capacidad de estar cerca del hombre que sufre, de solidarizarse con él, de forma que este gesto no sea percibido como una limosna humillante, sino como un testimonio de unión fraternal de los bienes.

6 de enero de 2001, el Vaticano, Carta apostólica «Novo Millennio Ineunte» (50)

Cristo no contesta de modo directo o abstracto a la pregunta humana sobre el sentido del sufrimiento. El hombre puede conocer su respuesta de salvación cuando se hace partícipe del sufrimiento del propio Cristo.

21 de enero de 1998, El Rincón, cerca de La Habana (Cuba), al personal sanitario y a los pacientes de una leprosería

El sufrimiento no es un castigo por los pecados ni tampoco es la respuesta de Dios al mal del hombre. Puede ser entendido única y exclusivamente a la luz del amor divino, que es el sentido final de todo lo que existe en este mundo.

6 de junio de 1991, Olsztyn (Polonia), discurso en un hospital pediátrico

Dios está siempre al lado de los que sufren. Su omnipotencia consiste precisamente en que aceptó voluntariamente el sufrimiento. Pudo no haberlo aceptado, pero fue capaz de mostrar su omnipotencia incluso en el momento de la crucifixión.

«Cruzando el umbral de la esperanza», 1994

15 de agosto de 1983, Lourdes (Francia)

El principal deber de las personas sanas hacia todo sufrimiento es respetarlo e incluso en ocasiones, el silencio.

«Cruzando el umbral de la esperanza», 1994

La Iglesia reza por aquellos que sufren. Porque el sufrimiento es una dura prueba no sólo para las fuerzas físicas sino también para las espirituales.

Paz en el corazón

14 de junio de 1984, Flueli (Suiza), homilía durante la Santa Misa

La bondad y la buena voluntad son la condición primera y básica para la paz, tanto en la vida social como en la vida de cada individuo.

23 de febrero de 1981, Japón, discurso a los pueblos de Asia transmitido por radio

La autodestrucción no es el destino de la humanidad. Los conflictos ideológicos, las aspiraciones y necesidades pueden y deben ser resueltos y eliminados por métodos que no sean la guerra y la violencia.

20 de noviembre de 1986, Singapur (Singapur), durante la Santa Misa en el Estadio Nacional

La verdadera paz nace en el espíritu y en el corazón, en la voluntad y en el alma humanas, ya que tiene su origen en el verdadero amor hacia los otros.

22 de febrero de 1992, Dakar (Senegal), encuentro con el cuerpo diplomático en la Nunciatura Apostólica

Los diferentes conflictos y tensiones son con frecuencia resultado de la violación de los derechos humanos. La sociedad no puede vivir en paz si el derecho fundamental a la vida está amenazado, si existe una carencia de los medios materiales imprescindibles y si no se cumplen las justas aspiraciones respecto a la vida familiar, a la educación y al trabajo.

1 de enero de 2002, el Vaticano, Mensaje en el XXXV Día Mundial de la Paz

San Agustín ha recordado que la paz, a la cual debemos tender todos, consiste en la tranquilidad del orden.

Que aquellos que se resisten con dificultad a la tentación de apelar a la fuerza en nombre de lo que parecen ser objetivos razonables comprendan que siempre existe la posibilidad de negociar en favor de una resolución del conflicto digna y que contente a todos.

31 de marzo de 1987, Montevideo (Uruguay), durante la ceremonia en el palacio Taranco

---

No hay paz sin justicia, no hay justicia sin perdón. Deseo recordárselo a aquellos que son responsables de los destinos humanos para que tomen las decisiones serias y difíciles siempre a la luz del verdadero bien para la humanidad, desde la perspectiva del bien común.

1 de enero de 2002, el Vaticano, Mensaje en el XXXV Día Mundial de la Paz

---

La paz, al igual que el amor, nacen de un corazón renovado por el don divino de la conciliación. Ese mismo corazón renovado constituye el verdadero fundamento de la paz en el mundo.

22 de noviembre de 1986, Wellington (Nueva Zelandia), homilía durante la Santa Misa en el Athletic Park

---

Nuestra enseñanza religiosa y nuestra experiencia espiritual nos señalan que debemos vencer al mal con el bien. Lo recordamos, pero no porque deseemos la venganza, y menos aun para odiar.

23 de marzo de 2000, Jerusalén (Israel), breve oficio religioso en Yad Vashem

---

La historia nos demuestra que las guerras continúan por acción del hombre. Siempre ha sido así y así continúa siendo hoy día.

17 de septiembre de 1995, Johanesburgo (Sudáfrica), homilía durante la Santa Misa en el hipódromo de Gosforth Park

---

El cristiano debería reservar un espacio para la paz incluso cuando se sienta víctima de alguien que lo ha humillado y golpeado injustamente. El mismo Cristo actuó de esta manera.

7 de enero de 2001, el Vaticano, Mensaje del Santo Padre por la Cuaresma de 2001

La cultura de la paz no desencaja en absoluto con un patriotismo sano, pero no tiene espacio para el nacionalismo y la futilidad.

10 de septiembre de 1994, Zagreb (Croacia), discurso a los ciudadanos y al presidente Franjo Tudjman

---

19

24 de septiembre de 2001, Astana (Kazajstán), encuentro con los representantes del mundo de la cultura, el arte y la ciencia

Tenemos presentes nuestros errores del pasado, incluido el pasado más reciente, y todos los creyentes unen su esfuerzo para que Dios no se convierta nunca en rehén de la ambición humana. El odio, el fanatismo y el terrorismo injurian el nombre de Dios y desfiguran la auténtica faz del hombre.

---

22 de marzo de 2000, Belén (Israel), discurso de bienvenida

Debemos contribuir a todos los esfuerzos sinceros por conseguir la paz en el mundo con trabajo continuo y con oración. Sólo la paz justa y verdadera, no impuesta, sino establecida por medio de la negociación, permite aplacar los justos deseos de los palestinos.

---

1 de enero de 2002, el Vaticano, Mensaje en el XXXV Día Mundial de la Paz

El terrorismo tiene su base en un desprecio por la vida humana. Por eso precisamente no sólo conduce a crímenes que no se pueden tolerar, sino que él mismo, al usar el terror como estrategia política y económica, constituye un verdadero crimen contra la humanidad.

---

7 de enero de 2001, el Vaticano, Mensaje del Santo Padre por la Cuaresma de 2001

El único camino verdadero para la paz es el perdón. Aceptar y ofrecer el perdón hace posible la tarea de proporcionar una nueva calidad a las relaciones entre las personas, interrumpe la espiral del odio y la venganza, y destruye las cadenas del mal que inmovilizan el corazón de los enemigos.

---

1 de enero de 2001, el Vaticano, Mensaje en el XXXIV Día Mundial por la Paz

No se puede invocar la paz y al mismo tiempo despreciar la vida.

---

1 de enero de 2002, el Vaticano, Mensaje en el XXXV Día Mundial de la Paz

La pretensión del terrorismo de actuar en nombre de los pobres es totalmente falsa.

---

1 de enero de 2002, el Vaticano, Mensaje en el XXXV Día Mundial de la Paz

Los pilares de la verdadera paz son la justicia y ese tipo especial de amor que es el perdón.

La violencia destruye la imagen del Creador en su creación; por consiguiente, nunca hay que considerarla fruto de las convicciones religiosas.

6 de mayo de 2001, Damasco (Siria), visita a una mezquita

Es una profanación contra la religión proclamarse terroristas en nombre de Dios, hacer en su nombre violencia al hombre.

1 de enero de 2002, el Vaticano, Mensaje en el XXXV Día Mundial de la Paz

La religión y la paz van de la mano: cualquier guerra que se realice en nombre de la religión constituye una clara contradicción.

28 de noviembre de 1999, Roma (Italia), Reunión Interreligiosa en el umbral del tercer milenio

Con el perdón nace también la «sabiduría de la paz».

8 de febrero de 1996, San Salvador (El Salvador), durante la Santa Misa en la explanada «Siglo XXI»

¿Con qué rasero medir al hombre?

¡He aquí al hombre! No es transparente ni extraordinario ni sencillo, más bien es pobre.

«El taller del orfebre» obra teatral de juventud de Karol Wojtyla

El hombre no puede renunciar a sí mismo, a su propio lugar en el mundo visible, no puede convertirse en esclavo de los objetos, esclavo de las relaciones económicas, esclavo de la producción ni en esclavo de sus propios trabajos.

Encíclica Redemptor Hominis (16)

El hombre se construye a sí mismo por medio de la verdad interior. Se trata de una verdad de conciencia, que se reflejará en sus actos. Desde la perspectiva de esta verdad cada hombre debe hacerse cargo de sí mismo.

12 de junio de 1987, Gdansk-Westerplatte (Polonia), a la juventud

3 de junio de 1979, Varsovia (Polonia), a los jóvenes estudiantes frente a la iglesia de Santa Ana

¿Con qué rasero medir al hombre? ¿Se le puede medir con el rasero de la fuerza física de la que dispone? ¿Con el de los sentidos que le permiten establecer contacto con el mundo exterior? ¿Con el rasero de la inteligencia que se confirma por medio de numerosos exámenes y pruebas? (…) al hombre hay que medirlo con el rasero del «corazón». ¡Con el corazón!

«Cruzando el umbral de la esperanza», 1994

El hombre no deja de ser grande incluso en su debilidad. No temáis ser testigos de la dignidad de cada persona: desde el momento de su concepción hasta su muerte.

---

2 de junio de 1979, Varsovia (Polonia), homilía durante la Santa Misa en la Plaza de la Victoria

Porque no es posible comprender al hombre completamente sin Cristo. O mejor dicho: el hombre no puede comprenderse a sí mismo del todo sin Cristo. (…) Y, por eso, no se puede desvincular a Cristo de la historia del hombre en ningún lugar de la Tierra.

---

9 de junio de 1987, Lublín (Polonia), discurso a los representantes del mundo de la ciencia

El hombre debe resistirse a una doble tentación en nombre de la verdad: a la tentación de transformar la verdad en sierva de su libertad y a la tentación de convertirse en esclavo del mundo material; debe oponerse también a la tentación de la adoración a sí mismo y a la tentación de convertirse en un objeto.

---

13 de junio de 1987, Varsovia (Polonia), discurso a los representantes del mundo de la cultura en la iglesia de la Santa Cruz

El hombre es una medida distinta de necesidades y de posibilidades. Su existencia está limitada a su relación interna con la verdad, con el bien y con la belleza. Para el hombre es fundamental la trascendencia, lo que significa al mismo tiempo apetencia de otra cosa: hambre de alma humana.

---

3 de junio de 1991, Lubaczow (Polonia), homilía durante la Santa Misa

(…) en esta nuestra vida terrenal resulta indispensable la medida de la santidad. Es indispensable para el hombre, para que «sea» en mayor medida, para que realice su humanidad de manera completa .

Quien aprueba al hombre por sí mismo aprueba la Creación del hombre; quien aprueba la Creación del hombre no puede negar al hombre.

Cada persona es excepcional a los ojos de Dios. Hay que valorar a cada uno y admirarle por ser quien es.

El hombre de la civilización actual está amenazado por el mal de la superficialidad. Hay que trabajar mucho para alcanzar la profundidad que es característica del ser humano. Una profundidad que apela a su inteligencia y a su corazón, igual ocurre cuando el mar nos llama. Hay que buscar precisamente la profundidad de la verdad y de la libertad, de la justicia y del amor. La profundidad de la paz.

El hombre se realiza, se completa, al superarse a sí mismo. Así viene a confirmar su identidad personal y, al mismo tiempo, el rasgo divino de la humanidad.

Para poder alcanzar la armonía con el mundo creado, el hombre debe recorrer el camino de la cultura, del pensamiento y del amor; precisamente a través de estas medidas el hombre alcanza su mayor dignidad: la dignidad del ser espiritual y libre.

Todas las acciones humanas nacen en el corazón, en el centro interno de la persona, en el lugar en el que habitan nuestra conciencia y nuestras convicciones más profundas.

La santidad no indica una perfección que pueda ser medida basándose en criterios humanos, tampoco está reservada a un número limitado de individuos excepcionales. Es accesible para todos.

---

9 de junio de 1987, Lublín (Polonia), durante la liturgia, palabras dedicadas a los presentes en la Universidad Católica de Lublín

19 de agosto de 1985, Casablanca (Marruecos), encuentro con la juventud islámica a petición del rey Hassan II

11 de junio de 1987, Gdynia (Polonia), homilía a la gente de mar

8 de junio de 1991, Varsovia (Polonia), a los representantes del mundo de la cultura en el Teatro Nacional

27 de enero de 1990, Bissau (Guinea-Bissau), homilía durante la Santa Misa en el Estadio Nacional

22 de noviembre de 1986, Wellington (Nueva Zelandia), homilía durante la Santa Misa en el Athletic Park

4 de junio de 1995, Bélgica, durante la beatificación de Damián de Veuster

Encíclica Dominum et Vivificantem (60)

La madurez del hombre en esta vida está envenenada por los métodos y las presiones producidos por los sistemas y mecanismos dominantes en las distintas estructuras sociales. Podemos afirmar que en muchos casos estos factores sociales, en vez de favorecer el desarrollo y la expansión del alma humana, lo que hacen es arrancarla de toda la verdad de su existencia y de su vida, que custodia el Espíritu Santo, y someterla a los «poderes de este mundo».

---

7 de junio de 1991, Plock (Polonia), homilía durante la Santa Misa

El ser humano es más importante que las cosas, y el alma es más importante que el cuerpo, por lo que nadie debe nunca desear alcanzar los bienes materiales mediante una violación del derecho moral, jamás mediante la violación de los derechos de otro hombre.

---

3 de junio de 1997, Poznan (Polonia), a la juventud, homilía durante la liturgia

El ser humano, creado a imagen y semejanza de Dios, no puede convertirse en esclavo de los objetos, de los sistemas económicos, de la civilización técnica, del consumismo, del éxito fácil. El hombre no puede transformarse en esclavo de sus pasiones y tendencias, a veces provocadas intencionadamente. Hay que protegerse de este peligro.

---

24 de junio de 1988, Eisenstadt (Austria), homilía durante la Santa Misa

El hombre es un ser al que Dios llama por su nombre. Dios le habla «de tú».

---

28 de junio de 1992, Roma (Italia), IV centenario de la iglesia polaca de San Estanislao

El hombre se encuentra a sí mismo como ser libre sólo a través de la entrega desinteresada a Dios y a su hermano.

---

3 de octubre de 1997, Río de Janeiro (Brasil), a los participantes del Congreso Evangélico-Pastoral

La oscuridad que hoy amenaza la concepción del hombre oculta sobre todo y directamente la realidad, así como su manifestación natural. El ser humano y la familia merecen el mismo respeto y reconocimiento hacia su dignidad, pero en la misma medida están amenazados por ataques e intentos de destrucción.

Las definiciones legales de los derechos tienen valor tan solo cuando se fundamentan en un respeto por la persona, y cuando ésta es el objeto de tales derechos.

———————————

Alrededor de la familia y de la vida se producen hoy día las luchas esenciales por la dignidad humana.

———————————

El hombre no puede fundamentar su vida en la duda, en la inseguridad o en la mentira, pues una vida así estaría continuamente atormentada por el miedo y la intranquilidad. A pesar de esto, podemos definir al hombre como aquel que busca la verdad.

———————————

El cometido fundamental de la Iglesia en todas las épocas y particularmente en la nuestra es dirigir la mirada del hombre, orientar la conciencia y la experiencia de toda la humanidad hacia el misterio de Cristo, ayudar a todos los hombres a familiarizarse con la Redención.

———————————

La familia no es de ninguna manera un obstáculo para el desarrollo y el crecimiento de la persona; por el contrario, es un medio privilegiado que mejora el desarrollo del potencial personal y social intrínseco del hombre.

———————————

Únicamente el misterio de la Redención de Cristo reúne las posibilidades «concretas» del hombre.

———————————

El hombre se realiza de manera más completa dándose a sí mismo.

———————————

Aparte de Cristo, ningún hombre se conoce a sí mismo por completo. No sabe quién es integralmente.

---

22 de febrero de 1992, Dakar (Senegal), encuentro con el cuerpo diplomático de la Nunciatura Apostólica

3 de octubre de 1997, Río de Janeiro (Brasil), a los participantes en el Congreso Evangélico-Pastoral

Encíclica Fides et Ratio (28)

Encíclica Redemptor Hominis (10)

3 de octubre de 1997, Río de Janeiro (Brasil), a los participantes en el Congreso Evangélico-Pastoral

Encíclica Veritatis Splendor (103)

«Cruzando el umbral de la esperanza», 1994

16 de octubre de 1988, en el salón Paulo VI, a los polacos

Juan Pablo II abraza su cruz durante una misa en la Plaza de San Pedro.

Las conciencias se han oscurecido

Encíclica Dominum et Vivificantem (36)

Creado a imagen de Dios, el hombre es dotado por el Espíritu Santo de conciencia para que refleje eternamente la imagen de su original, que es al mismo tiempo sabiduría y ley eterna, fuente del orden moral en el hombre y en el mundo.

---

15 de agosto de 1983, Lourdes (Francia)

Hoy incluso ha desaparecido parcialmente el sentimiento del pecado (...). Las conciencias se han oscurecido y, como en la época del pecado original, no se distinguen ya el bien y el mal. Muchos ya no saben lo que es pecado, o no se atreven a saberlo, como si este saber pudiera privarles de libertad.

---

11 de septiembre de 1987, Columbia (Estados Unidos), en las vísperas, oficio de la tarde, en el estadio William-Brice

En nuestras conciencias cristianas debe aumentar la inquietud cuando oímos que los pecados contra el amor y contra la vida son con frecuencia presentados como ejemplo de «progreso» y emancipación.

---

1 de enero de 1991, el Vaticano, mensaje en el XXIV Día Mundial de la Paz

La libertad de conciencia, entendida correctamente, está siempre, por naturaleza, dirigida a la verdad. Por tanto, no conduce a la intolerancia, sino a la comprensión y a la reconciliación.

---

22 de febrero de 1992, Dakar (Senegal), encuentro con el cuerpo diplomático en la Nunciatura Apostólica

La manifestación más bella de la libertad de conciencia es el libre sentimiento colectivo de la propia religión. Todos tienen ante sí las mismas posibilidades y se presenta ante ellos el mismo futuro.

---

22 de mayo de 1995, Skoczow (Polonia), homilía durante la Santa Misa en la colina «Kaplicowka»

Los mártires tienen mucho que decirnos. Nos preguntan ante todo sobre el estado de nuestras conciencias: preguntan acerca de nuestra fidelidad a la conciencia personal.

La libertad de conciencia se ha convertido en uno de los temas recurrentes en las relaciones internacionales. Podemos afirmar que la conciencia del significado de la libertad de culto se ha convertido en uno de los determinantes de la cultura de nuestros tiempos.

5 de junio de 1989, Helsinki (Finlandia), discurso a los reunidos en el Finlandia Hall

Ser un hombre de conciencia significa exigirse a uno mismo levantarse después de cada caída, transformarse de nuevo y de manera continua.

22 de mayo de 1995, Skoczow (Polonia), homilía durante la Santa Misa en la colina «Kaplicowka»

El quebrantamiento de las conciencias es un perjuicio causado al hombre. Es el golpe más duro a la dignidad humana. Es en cierto modo peor que la muerte física, que el asesinato: "No temáis a aquellos que matan el cuerpo…" (Mateo 10,28), dijo Cristo, demostrando que es mucho peor matar el alma humana, la conciencia humana.

10 de enero de 1982, antes de la oración del «Angelus»

La moral, medida precisa de la humanidad

(…) el hombre elige entre el bien y el mal. En el primer caso crece como hombre, se convierte más en aquello que tiene que ser. En el segundo caso, el hombre se degrada. El pecado empequeñece al hombre.

12 de junio de 1987, Gdansk (Polonia), homilía durante la liturgia a la juventud en Westerplatte

La moralidad es la medida justa de la humanidad. En ella y por medio de ella el hombre se realiza a sí mismo, cuando obra de manera correcta. Cuando se comporta mal destruye el orden de la sabiduría en su interior, y afecta también la acción interhumana y social de su existencia.

5 de junio de 1991, Bialystok (Polonia), celebración de la beatificación de Boleslao Lament

Si la sociedad debe perdurar como civilización de la justicia y de la solidaridad, ahora es el momento de despertar de nuevo el sentimiento de la responsabilidad moral.

11 de septiembre de 1987, Columbia (Estados Unidos), durante las vísperas, en el estadio William-Brice

4 de junio de 1991, Lomza (Polonia), homilía durante la Santa Misa

¿Acaso nuestros principios fundamentales de moralidad no han sido «arrancados» de nuestra tierra por el mal, que se oculta de distintas maneras? ¿No los han «picoteado» las aves de rapiña de distintas propagandas, publicaciones, espectáculos y programas que juegan con nuestra debilidad humana?

18 de enero de 1995, Sydney (Australia), discurso de bienvenida en el aeropuerto Kingsford-Smith

En el corazón mismo de la cultura social crece el sentimiento de necesidad moral y espiritual de renovación: es ahí donde las personas son más importantes que las cosas y la dignidad humana es más preciada que el beneficio.

22 de mayo de 1991, el Vaticano, audiencia general

El Espíritu Santo convence del pecado no para acusar y condenar al hombre sino para convertirlo, purificarlo, elevarlo espiritualmente y liberarlo. Necesitamos estar convencidos de nuestra salvación. Es necesario para todos y cada uno de nosotros. La sociedad entera necesita una regeneración del alma, la regeneración moral.

5 de junio 1979, Czestochowa (Polonia), discurso a la Conferencia Episcopal de Polonia

Hay que proteger al hombre de los pecados de perversión y embriaguez porque propician la destrucción de su dignidad, y a escala social tienen resultados inmensos. Hay que continuar advirtiendo, despertando la conciencia humana, previniendo ante el daño a la regla moral, despertando el entusiasmo para el cumplimiento del mandamiento del amor; ya que la indiferencia se asienta muy fácilmente en los corazones humanos.

4 de marzo de 1984, el Vaticano, discurso a los peregrinos polacos con ocasión de la festividad de san Casimiro

Los valores que más nos cuestan tienen también más valor.

Encíclica Dives in Misericordia (12)

El hombre y la sociedad para la que ya nada es «sagrado», pese a lo que pueda parecer, sucumben a la decadencia moral.

Se trata sobre todo del orden moral, del orden en la esfera de los valores, del orden de la verdad y del bien. Cuando hay un vacío en los valores, cuando en la esfera moral reina el caos y la confusión, la libertad muere, el hombre pasa de ser libre a ser esclavo: esclavo de los instintos, de las pasiones o de los pseudovalores.

1 de junio de 1997, Wroclaw (Polonia), durante la Santa Misa al final del Congreso Eucarístico Internacional

---

Los Diez Mandamientos no son una invención de un poder tiránico que nos ha sido transmitida de forma arbitraria. Los mandamientos fueron grabados en piedra, pero sobre todo fueron escritos en el corazón del hombre como ley moral universal, conservan su fuerza en todo momento y en todo lugar. Hoy, igual que ayer, las diez palabras de la ley son el único fundamento auténtico de la vida del individuo, de la sociedad y de los pueblos. Hoy como siempre constituyen el único futuro de la familia humana. Los mandamientos protegen al hombre ante la fuerza destructora del egoísmo, del odio y de la falsedad. Desenmascaran todos los falsos ídolos que lo cautivan: el amor propio, que rechaza a Dios, el deseo de poder y de bienestar, que destruye el orden de la justicia, humilla nuestra propia dignidad humana y la de nuestro prójimo.

26 de febrero de 1999, Egipto, al pie del monte Sinaí, liturgia en el pequeño olivar frente al Monasterio de Santa Catalina

---

En el mundo de hoy se producen cambios sociales rápidos y profundos, lo que conduce al fracaso de numerosos puntos morales de referencia, sumergiendo a la gente en el caos, y a veces, en la desesperación. El Decálogo es como una brújula que en medio de la tormenta en el mar permite no perder la orientación y llegar a buen puerto.

26 de junio de 2001, Lvov (Ucrania), encuentro con la juventud ante el templo grecolatino de la Natividad de Nuestra Señora

---

¿Es acaso cierto que la Iglesia permanece en el mismo sitio mientras que el mundo se aleja de ella? ¿Podemos decir que el mundo se desarrolla en dirección a una mayor libertad de costumbres? ¿Acaso estas palabras no encubren el relativismo que pierde al hombre? No sólo en lo relativo al aborto sino también en lo que se refiere a la anticoncepción estamos hablando en último término del derecho del hombre. Alejarse de este derecho no supone ninguna tendencia al desarrollo. No puede ser considerado como una medida de «progreso ético».

«Cruzando el umbral de la esperanza» 1994

Encíclica Veritatis Splendor (119)

Las disputas sobre los nuevos y complejos problemas morales nos dan a veces la impresión de que la moralidad cristiana resulta demasiado difícil en sí misma, incomprensible y casi imposible de llevar a la práctica. No es verdad, porque esta moral, entendida en las categorías de la sencillez evangélica, consiste en la imitación de Jesucristo.

Encíclica Veritatis Splendor (112)

Sólo la fe cristiana muestra al hombre el camino de regreso «al inicio» (comparar con Mateo 19,8): el camino que a menudo es distinto al de la normalidad empírica. En este sentido las ciencias humanas, pese a todos los valores del saber que han acumulado, no pueden ser reconocidas como los indicadores fundamentales de las normas morales.

---

5 de junio de 1979, Czestochowa (Polonia), discurso ante la Conferencia Episcopal de Polonia

(…) el derecho moral es la condición básica del orden social. Sobre él se construyen los países y las naciones; sin él desaparecen.

Encíclica Redemptor Hominis (15)

El desarrollo de la técnica y el significativo desarrollo tecnológico de la civilización actual exige un desarrollo proporcional de la moralidad y de la ética. Sin embargo, parece que este último continúa quedándose atrás.

Encíclica Veritatis Splendor (52)

(...) El hecho de que sólo los mandamientos negativos existan para ser cumplidos no quiere decir que en la vida moral las prohibiciones sean más importantes que la obligación de realizar el bien, que es a lo que nos obligan los mandamientos positivos.

«Cruzando el umbral de la esperanza», 1994

(…) sí, el hombre se ha perdido, los predicadores se han perdido, los catequistas se han perdido, los educadores se han perdido. No tienen ya valor para «asustar con el infierno». Puede que hasta los oyentes hayan dejado de temerlo.

La novedad liberadora del perdón

El perdón de los enemigos, sobre el que dieron ejemplo los mártires de todas las épocas, es una prueba decisiva y un testimonio convincente del radicalismo del amor cristiano.

8 de febrero de 1996, San Salvador (El Salvador), durante la Santa Misa en la explanada «Siglo XXI»

El perdón no se opone en modo alguno a la búsqueda de la verdad, sino que sencillamente exige la verdad. El mal realizado debe ser admitido y en la medida de lo posible, corregido.

1 de enero de 1997, el Vaticano, mensaje en el XXX Día Mundial de la Paz

---

Este mundo humano puede hacerse «más humano» sólo cuando en las relaciones mutuas que conforman sus aspectos morales incluimos el momento del perdón, que es fundamental para el Evangelio. El perdón da testimonio de que en el mundo está presente un amor que es más fuerte que el pecado. El perdón también constituye una condición fundamental de reconciliación, no solamente en la relación de Dios con el hombre sino también en las relaciones entre las personas.

Encíclica Dives in Misericordia (14)

En nuestra época el perdón aparece cada vez con mayor frecuencia como una medida indispensable de verdadera renovación social, así como una condición para la pervivencia de la paz en el mundo.

7 de enero de 2001, el Vaticano, mensaje por la Cuaresma de 2001

El perdón puede parecer debilidad; sin embargo, al igual que la aceptación del perdón, en realidad exige una gran fuerza de espíritu y una gran valentía moral.

1 de enero de 2002, el Vaticano, mensaje en el XXXV Día Mundial de la Paz

---

Los seguidores de Cristo, bautizados en su muerte y en su resurrección, deberían ser siempre hombres y mujeres de misericordia y de perdón.

1 de enero de 2002, el Vaticano, mensaje en el XXXV Día Mundial de la Paz

---

1 de enero de 2002, el Vaticano, mensaje en el XXXV Día Mundial de la Paz

La capacidad de perdonar es la base de todo proyecto social, para que éste pueda ser más justo y solidario.

Encíclica Dives in Misericordia (14)

La justicia entendida de forma adecuada tiene en cierta forma como objetivo el perdón.

Carta apostólica «Tertio Millennio Adveniente» (33)

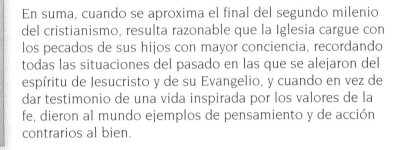

En suma, cuando se aproxima el final del segundo milenio del cristianismo, resulta razonable que la Iglesia cargue con los pecados de sus hijos con mayor conciencia, recordando todas las situaciones del pasado en las que se alejaron del espíritu de Jesucristo y de su Evangelio, y cuando en vez de dar testimonio de una vida inspirada por los valores de la fe, dieron al mundo ejemplos de pensamiento y de acción contrarios al bien.

El deseo de verdad

Encíclica Fides et Ratio (introducción)

Dios ha inculcado en el corazón de los hombres el deseo de conocer la verdad, cuyo fin último es el conocimiento de Dios mismo; para que el hombre, conociéndole a Él y amándole, pueda alcanzar también toda la verdad sobre sí mismo.

6 de junio de 1991, Olsztyn (Polonia), homilía durante la Santa Misa

La palabra humana es y debería ser un instrumento de la verdad.

«Cruzando el umbral de la esperanza», 1994

El hombre no puede ser obligado a la aceptación de la verdad.

Encíclica Fides et Ratio (29)

La sed de verdad está tan profundamente enraizada en el corazón del hombre que si tuviera que ser arrancada lo conduciría a una crisis existencial.

Cuando al ser humano se le arrebata la verdad, resulta una ilusión hacerlo libre, puesto que la verdad y la libertad o existen juntas o mueren juntas miserablemente.

Encíclica Fides et Ratio (90)

Si existe el derecho a la búsqueda de la verdad en el camino propio, todavía más importante en relación con él es la difícil obligación moral de cada hombre de buscar la verdad y mantenerse de su lado una vez que la haya encontrado.

Encíclica Veritatis Splendor (25)

Siguen existiendo muchos caminos que llevan a la verdad; pero como la verdad cristiana tiene carácter de salvación, puede ir por cada uno de estos caminos a condición de que conduzca a la meta final, es decir, a la revelación de Jesucristo.

Encíclica Fides et Ratio (38)

La historia del milenio que está tocando a su fin nos enseña que hay que seguir precisamente este camino: no dejar de desear la verdad absoluta, buscarla con pasión y descubrir con valentía nuevos caminos.

Encíclica Fides et Ratio (56)

Con su limitado idioma, formado históricamente, el hombre es capaz de expresar verdades que traspasan los límites del fenómeno lingüístico. Sin embargo, la verdad no puede estar nunca limitada por el tiempo y la cultura; es posible conocerla en la historia, pero supera a la misma historia.

Encíclica Fides et Ratio (95)

Hoy se intenta con frecuencia persuadirnos de que ha terminado en definitiva la época de conocer la verdad, así como de que estamos irremediablemente condenados a la falta total de sentido, a la provisionalidad del conocimiento, al cambio continuo y a la relatividad. En tal situación surge la necesidad apremiante de otorgar una confianza básica a la razón humana y a su capacidad de conocer la verdad, esa verdad absoluta y definitiva.

7 de junio de 1999, Torún (Polonia), discurso a los rectores de los centros de enseñanza superior de Polonia

La libertad es un desafío

4 de junio de 1979, Czestochowa (Polonia), homilía durante la Santa Misa frente a la colina de Jasna Góra	La libertad es un don de Dios. Hay que usarlo correctamente.
9 de junio de 1979, Cracovia (Polonia), homilía durante la Santa Misa en la explanada de Blonie	(…) el hombre es libre. El hombre puede decirle a Dios: no. El hombre le puede decir a Cristo: no. Pero la pregunta fundamental es: ¿se puede hacer? ¿y en nombre de qué «se puede hacer»?
13 de junio de 1987, Czestochowa, homilía durante la Santa Misa en la capilla del Cuadro Milagroso de Nuestra Señora	El hombre no puede ser verdaderamente libre si no es a través del amor. El amor a Dios por encima de todo y el amor al hombre: a los hermanos, al prójimo, a nuestros compatriotas…
10 de abril de 1987, Cracovia (Polonia), a la juventud reunida ante la sede del Arzobispado	(...) nunca es posible poseer la libertad. Es muy peligroso poseerla. La libertad hay que conquistarla de forma continua. La libertad es una propiedad del hombre, Dios lo creó libre.
25 de enero de 1990, Islas de Cabo Verde, discurso de bienvenida	Pero la verdadera libertad no consiste en tener más, sino en ser más: ser un hombre verdadero, ser una mujer verdadera.
1 de enero de 1981, Mensaje en el Día Mundial de la Paz	Ser libre es poder y querer elegir; es vivir de acuerdo con la propia conciencia.
5 de octubre de 1995, Nueva York (Estados Unidos), discurso ante la Asamblea General de la ONU	La libertad es la medida de la dignidad humana y de su grandeza. La libertad viva a la que aspiran los individuos y las naciones constituye un gran reto que condiciona el desarrollo espiritual de cada persona así como la vitalidad moral de las naciones.

LA LIBERTAD ES UN DESAFÍO

¿Cuál debe ser el criterio de la libertad? ¿Qué libertad? Por ejemplo, ¿la libertad de arrebatarle la vida a un niño no nacido?

7 de junio de 1991, Wloclawek (Polonia), homilía durante la Santa Misa

---

Por lo tanto, quien vive «según su cuerpo» siente la ley divina como un peso; aún más, como una negación, y siempre como una limitación de su libertad.

Encíclica Veritatis Splendor (18)

La libertad es entregada al hombre por Dios como una medida de su dignidad. Sin embargo, le es al mismo tiempo asignada.

26 de agosto de 1990, a los peregrinos polacos en Castel Gandolfo (Italia)

(...) lo repito una vez más: no hay verdadera libertad aparte de aquella con la que Cristo nos libera.

12 de abril de 1992, audiencia con los peregrinos polacos

El don de la libertad. El difícil regalo de la libertad. Sólo el que es libre puede, al mismo tiempo, convertirse en esclavo. El don de la libertad. El difícil regalo de la libertad que provoca que continuemos eligiendo entre el bien y el mal. Entre la salvación y la condena. Pero la libertad puede convertirse en insubordinación.

13 de junio de 1987, Czestochowa (Polonia), homilía durante la Santa Misa en la capilla del Cuadro Milagroso de Nuestra Señora

---

La libertad es siempre un desafío. El poder desafía a la libertad. ¡No es posible llevarla a cabo de otra forma que no sea sirviendo!

8 de junio de 1991, Varsovia (Polonia), a los dirigentes políticos en el Castillo Real

---

¡La verdadera libertad siempre es costosa! Cada uno de nosotros debe aceptar esta tarea desde el principio. Y, entonces, surge la siguiente pregunta: ¿Puede el hombre construir solo este orden de libertad, sin Cristo e incluso en contra de Cristo? Es una pregunta vigente, especialmente dramática, en nuestro contexto social saturado de conceptos de democracia inspirada en la ideología liberal.

1 de junio de 1997, Wroclaw (Polonia), durante la Santa Misa en la clausura del Congreso Eucarístico Internacional

---

8 de junio de 1991, Varsovia (Polonia), discurso durante el oficio religioso con motivo del 200 aniversario de la Constitución del 3 de mayo

La libertad no se puede poseer, no se puede agotar. Hay que conquistarla y crearla de continuo.

---

26 de febrero de 1999, Egipto, al pie del monte Sinaí, liturgia en el bosquecillo de olivos frente al Monasterio de Santa Catalina

Los Diez Mandamientos constituyen la ley de la libertad: no de una libertad irrestricta que nos permita dar rienda suelta a nuestras ciegas pasiones, sino una libertad que nos conduzca al amor y a la elección de aquello que es bueno, incluso aunque resulte arduo.

---

6 de junio de 1991, Olsztyn (Polonia), homilía durante la Santa Misa

El hombre es libre. También es libre de no decir la verdad. Pero no es de veras libre si no la dice. Cristo da una respuesta clara a esto: «La verdad os hará libres». La vida humana es, por tanto, una aspiración a la libertad por medio de la verdad. Esto resulta de gran importancia en la época en que vivimos. Porque nos embriagamos de libertad, de las palabras de libertad y de otras libertades a ella vinculadas.

Necesidad de una nueva solidaridad

10 de marzo de 1982, el Vaticano, audiencia general en el salón Paulo VI

Las duras experiencias históricas y recientes de mi propio país me han enseñado aún más a sentir el sufrimiento de otras naciones. Tenemos que hacer que crezca la solidaridad de las personas y la solidaridad de los pueblos en el mundo, porque sólo ella puede vencer el odio, la enemistad y la amenaza a escala internacional.

---

1 de enero de 1987, el Vaticano, mensaje en el XX Día Mundial de la Paz

Al igual que la solidaridad nos da una base ética para actuar de forma adecuada, el desarrollo se convierte en una propuesta fraternal que permite una vida más completa, con toda la diferenciación y la complementariedad que constituyen lo característico de la civilización humana. De ahí surge la armoniosa «tranquilidad del orden», que es la verdadera paz. La solidaridad y el desarrollo son dos caminos que conducen a la paz.

La solidaridad debe situarse antes que la lucha. De esta manera podrá perdurar la humanidad. Y podrá perdurar y desarrollarse cada nación dentro de la gran familia humana.

11 de junio de 1987, Gdynia (Polonia), a las gentes de mar, homilía durante la liturgia

---

Tenemos que forjar una nueva solidaridad fundada en el verdadero significado del trabajo humano. Pues sólo gracias a una concepción justa del trabajo será posible determinar los objetivos a los que debería aspirar la solidaridad, así como a las distintas formas que debería adoptar.

15 de junio de 1982, Ginebra (Suiza), discurso en la sesión de la Organización Mundial del Trabajo

---

Hoy necesitamos una solidaridad nueva, valerosa, internacional, una solidaridad basada no en los propios intereses sino inspirada y dirigida por el cuidado hacia el hombre. (…) Rezo para que aquellos que pueden influir en el curso de los acontecimientos den un sentido verdadero a la solidaridad por medio de un acercamiento magnánimo, al asunto de la deuda internacional.

3 de mayo de 1989, Lusaca (Zambia), discurso a los diplomáticos en el Mulungushi Hall

---

En nombre del futuro del hombre y de la humanidad hubo que pronunciar la palabra «solidaridad». Hoy, la solidaridad recorre el mundo como una inmensa ola, y el mundo comprende que no podemos vivir de acuerdo con la idea: «todos contra todos», sino únicamente según la teoría: «todos con todos», «todos para todos».

11 de junio de 1987, Gdynia (Polonia), a las gentes del mar, homilía durante la liturgia

---

«Llevad los unos el peso a los otros». Esta sintética frase del Apóstol es una inspiración para la solidaridad internacional y social. La solidaridad significa: dos personas, y si hay una carga, llevemos la carga juntos, en común. Y por tanto, nunca uno contra el otro. Unos contra otros. Y la «carga» no debe ser llevada por un hombre solo. Sin ayuda de otros. No puede haber una lucha más fuerte que la de la solidaridad. No puede haber un programa de lucha por encima del programa de la solidaridad. De otra forma surgen cargas demasiado pesadas.

12 de junio de 1987, Gdansk (Polonia), homilía durante la Santa Misa para el mundo del trabajo

Juan Pablo II *celebra misa en un altar construido especialmente para él al pie de la Basílica de San Pedro.*

El trabajo crea al hombre

1 de junio de 1987, Gdansk (Polonia), homilía durante la Santa Misa para el mundo del trabajo

El trabajo no puede ser tratado, nunca ni en ningún lugar, como una mercancía, porque el hombre no puede ser para el hombre una mercancía, siempre debe ser un sujeto.

---

9 de junio de 1979, Nowa Huta (Polonia), en el santuario de la Santa Cruz

Cristo nunca estará de acuerdo con que el hombre sea considerado o con que el hombre se considere a sí mismo tan solo como un instrumento de producción. (…) Y esto debe recordarlo tanto el trabajador como el empresario, tanto el sistema de trabajo como el sistema de pagos, el gobierno, la nación y la Iglesia.

---

12 de junio de 1987, Gdansk (Polonia), homilía durante la Santa Misa para el mundo del trabajo

Hay que pagar por el trabajo humano y al mismo tiempo no es posible que el trabajo humano y el dinero se correspondan, puesto que como persona uno no es sólo «ejecutor», sino cocreador de la obra que nace en forma de trabajo. Porque también uno tiene derecho a decidir sobre la forma. Tiene derecho a una autonomía laboral, de lo cual son testimonio, entre otros, los sindicatos laborales: «independientes y autónomos», como se subrayó aquí, en la ciudad de Gdansk.

---

9 de junio de 1979, Nowa Huta (Polonia), en el santuario de la Santa Cruz

No se puede separar la cruz del trabajo del hombre. No se puede apartar a Cristo del trabajo del hombre.

Encíclica Centesimus Annus (43)

La obligación de ganarse el pan con el sudor de la frente implica al mismo tiempo el derecho a tenerlo.

Encíclica Laborem Exercens (9)

El fin del trabajo, de todo trabajo, es el hombre. Gracias al trabajo debería perfeccionarse, profundizar su personalidad. No podemos olvidar, y quiero resaltarlo de manera especial, que el trabajo es «para el hombre» y no el hombre «para el trabajo».

Experimentar el trabajo común nos permite purificarnos y descubrir la riqueza de nuestro prójimo. Sólo de esa forma, lentamente, nace una atmósfera de confianza en la que cada uno de nosotros madura y «va siendo» cada vez más.

19 de agosto de 1985, Casablanca (Marruecos), encuentro con la juventud islámica a petición del rey Hassan II

(…) el hombre que trabaja no es sólo un instrumento de la producción, sino un sujeto; un sujeto que en todo el proceso de producción tiene prioridad frente al capitalismo.

20 de junio de 1983, Katowice (Polonia), durante el oficio religioso mariano en el aeropuerto de Muchowiec

(…) el trabajo conforma al hombre de un modo particular, en cierta forma lo crea. Por tanto, se trata siempre de una labor creativa. Esto es verdad no sólo del trabajo de investigación, o en general del trabajo intelectual, sino también de los trabajos físicos más comunes, que en apariencia no tienen nada de «creativos».

31 de marzo de 1985, Roma (Italia), Carta a los jóvenes de todo el mundo «Parati semper»

Los cristianos en el mundo

Cristo es absolutamente original, (...) es único e irrepetible. Si hubiera sido sólo un «sabio» como Sócrates, o un «profeta» como Mahoma, o un «iluminado» como Buda, con seguridad no sería el que es. Se trata del único intermediario entre Dios y las personas.

«Cruzando el umbral de la esperanza», 1994

Todas las divisiones, en la medida en que oscurecen nuestro testimonio sobre el mundo, se convierten en un obstáculo para el anuncio de la Buena Nueva de nuestra salvación por Jesucristo.

12 de junio de 1984, Ginebra (Suiza), durante la visita a la sede del Santo Consejo Eclesiástico

A los cristianos se les pueden arrebatar muchas cosas. Pero no permitiremos que se nos arrebate la cruz como señal de salvación. ¡No admitiremos que desaparezca de la vida pública!

21 de junio de 1998, Viena (Austria), Santa Misa de beatificación, en la Plaza de los Héroes

1 de enero de 1988, el Vaticano, mensaje en el XXI Día Mundial de la Paz

¡De cuántas divisiones e incomprensiones los cristianos tenemos parte de responsabilidad y cuánto nos falta por construir en el ánimo, en las familias, en las comunidades en favor de la unión y del amor fraternal! Las circunstancias de nuestro mundo, hay que reconocerlo, no nos facilitan esta tarea. Nos acecha de continuo la tentación de la violencia. El egoísmo, el materialismo y la vanidad hacen al hombre cada vez menos libre, y a la sociedad, cada vez menos abierta a la fraternidad.

31 de mayo de 1997, Wroclaw (Polonia), discurso durante el oficio religioso ecuménico en la Hala Ludowa

¿Podremos acaso unirnos a Cristo si no estamos del todo unidos a nosotros mismos?

1 de enero de 1991, el Vaticano, mensaje en el XXIV Día Mundial de la Paz

Una de las tentaciones que se repiten en cada época, también entre los cristianos, es la consideración de ser los depositarios de la verdad. En una época caracterizada por el individualismo esta tentación surge de nuevo. La clave de quien está en la verdad es, sin embargo, amar con humildad. Así nos lo enseña la palabra de Dios: la verdad se realiza en el amor.

8 de junio de 1987, Varsovia (Polonia), discurso durante el encuentro ecuménico en la residencia del Primado de Polonia

Las divisiones que existen todavía entre los cristianos sólo las puede vencer el Espíritu Santo.

8 de mayo de 1999, Bucarest (Rumania), encuentro con el patriarca Teotctist y con los miembros del Santo Sínodo Rumano de la Iglesia Ortodoxa

Con todas mis fuerzas he buscado la unidad y hasta el final procuraré conseguir que se convierta en una de las principales preocupaciones de las Iglesias, así como de aquellos que las dirigen con su servicio apostólico.

20 de mayo de 1995, Praga (República Checa), discurso y carta al superior de la Iglesia Evangélica Checa

Estoy profundamente convencido de que en el umbral del tercer milenio del cristianismo, en una época iluminada por la gracia y por el mutuo don del perdón, estamos en condiciones de olvidar antiguos rencores y aceptar que se predique el testimonio del Evangelio de Jesucristo para que el mundo entero crea en él.

Entre los que llaman «Nuestro Padre» a Dios, el odio y el fanatismo no encuentran justificación.

5 de junio de 1989, Helsinki (Finlandia), a los reunidos en el Finlandia Hall

En el umbral de esta nueva época histórica todos debemos hacer un análisis de conciencia, de responsabilidad, por todas las divisiones existentes. Debemos reconocer los errores cometidos y perdonárnoslos mutuamente. Sin embargo, hemos recibido otro mandamiento, el mandamiento del amor mutuo, que tiene su origen en el amor de Cristo.

10 de junio de 1999, Drohiczyn (Polonia), discurso durante el oficio religioso ecuménico

Eligiendo de forma consciente lo que nos une a todos, confesores de distintas religiones podemos construir un edificio común, e intentar que la vida espiritual mantenga sin cesar la llama de la esperanza, que alumbra el horizonte de la marcha humana hacia un futuro mejor.

16 de septiembre de 1995, Johanesburgo (Sudáfrica), discurso a la nación

A pesar de lo que se piense, el destino dirigido a la vida eterna, a la felicidad que se encuentra en Dios mismo, en suma, el cristianismo, y especialmente el cristianismo occidental, nunca ha sido indiferente hacia el mundo.

«Cruzando el umbral de la esperanza», 1994

Nos puede parecer que ser un buen cristiano en el mundo contemporáneo es una tarea que supera nuestras fuerzas. Pero Jesús no está lejos y no nos deja solos frente a este reto. Siempre está con nosotros para transformar nuestra debilidad en fuerza.

24 de marzo de 2000, Corazim, Galilea (Israel), Santa Misa a los jóvenes en la Montaña de las Bendiciones

El auténtico ecumenismo es la gracia de la verdad.

Encíclica Ut Unum Sint (38)

Quizá las divisiones han sido también el camino que ha conducido a la Iglesia a múltiples riquezas en el Evangelio y en la redención de Cristo. ¿Será posible que estas riquezas no puedan alcanzarse de ninguna otra manera?

«Cruzando el umbral de la esperanza», 1994

23 de marzo de 2000, Jerusalén (Israel), discurso en el encuentro ecuménico interreligioso en el Instituto Papal de Notre Dame

Todos somos conscientes de los conflictos y los malentendidos del pasado, que hoy en día siguen pesando en las relaciones entre judíos, cristianos y musulmanes. Debemos hacer todo lo posible para transformar el recuerdo de los daños y los pecados del pasado con una decidida voluntad de construcción de un nuevo futuro, en el que habrá lugar para una colaboración fructífera y leal entre nosotros.

---

9 de junio de 1991, Varsovia (Polonia), durante el oficio religioso ecuménico en la iglesia evangélica de la Santísima Trinidad

Si le recordamos al mundo la necesidad de tolerancia entre las Iglesias no significa que pensemos que la mera tolerancia será suficiente. Decididamente es muy poco. Tolerar simplemente al otro no puede ser suficiente para los cristianos y para la Iglesia. A veces, incluso se tolera el mal en nombre de un bien mayor. No querría que tan solo me toleráseis. Y no quiero, queridos hermanos y hermanas, únicamente toleraros. ¿Qué tipo de hermanos y hermanas sólo se toleran? ¿Qué clase de hermanos y hermanas somos en Cristo, que tan solo nos toleramos?

---

7 de enero de 2001, el Vaticano, mensaje por la Cuaresma

El mundo espera de los cristianos un testimonio consecuente de unión y de solidaridad.

---

26 de marzo de 2000, Jerusalén (Israel), Santa Misa en la basílica del Santo Sepulcro

Aquí, junto al Santo Sepulcro y en el Gólgota, cuando renovamos nuestra profesión de fe en el Señor resucitado, ¿podemos acaso dudar de que de la fuerza del Espíritu Santo obtenemos la fuerza para vencer las divisiones entre nosotros y así construir juntos un futuro de unión y paz?

«Cruzando el umbral de la esperanza», 1994

La iglesia católica se alegra cuando otras comunidades cristianas proclaman con ella el Evangelio, aunque sabe que la plenitud de los medios de salvación le ha sido revelada a ella.

El Evangelio no es un objeto de museo

Para aquel que acoge la Revelación, y en especial el Evangelio, debe quedar claro que es mejor existir que no existir. Y en este sentido, no existe desde el punto de vista del Evangelio espacio para ningún «nirvana», o para la apatía o la resignación. Sin embargo, se clama por el perfeccionamiento de todo lo creado, tanto de sí mismo como del mundo.

«Cruzando el umbral de la esperanza», 1994

El Evangelio es la confirmación más bella de todos los derechos del hombre. Sin las Sagradas Escrituras es muy fácil confundir la verdad sobre el hombre.

«Cruzando el umbral de la esperanza», 1994 (

Cada generación, con su mentalidad y sus rasgos característicos, es como un nuevo continente que hay que conquistar para Cristo.

29 de septiembre de 1979, Dublín (Irlanda)

Existe hoy día una clara necesidad de una nueva evangelización, que marche en peregrinación junto al hombre, que marche en peregrinación con la nueva generación.

«Cruzando el umbral de la esperanza», 1994

En la actual etapa de su desarrollo histórico, la humanidad necesita formas renovadas para transmitir la fe, nuevas maneras de transmitir el mensaje eterno de Cristo, que se puedan aplicar a la situación que vive el hombre contemporáneo.

25 de enero de 1979, República Dominicana, homilía durante la Santa Misa

¡Naciones, abridle las puertas a Cristo! Su Evangelio no priva en absoluto al hombre de libertad, respeta y estima otras culturas y todo aquello que hay de bueno en otras religiones.

Encíclica Redemptoris Missio (3)

*8 de agosto de 1985, Lomé
(Togo), homilía durante la
Santa Misa*

El espíritu cristiano de renovación debe aparecer también en lo que os aportan las actuales civilizaciones de los países desarrollados.

_____

*22 de febrero de 1981, isla de
Guam, a los monjes y
sacerdotes*

(…) el mensaje evangélico no está destinado a ser mostrado como un objeto en la vitrina de un museo, un objeto que sólo se investiga y se admira. ¡No! Hay que compartirlo, difundirlo para que otros puedan escucharlo, entenderlo y convertirse en miembros de nuestra comunidad de creyentes.

_____

*16 de octubre de 1998, el
Vaticano, encuentro con sus
compatriotas en la Plaza de
San Pedro*

Necesitamos cristianos valerosos y responsables que participen en todos los sectores de la vida social y nacional, que no teman los obstáculos ni las adversidades. Ha llegado la hora de una nueva evangelización. Por lo que, queridos míos, me dirijo a vosotros con el siguiente llamamiento: «¡Abridle las puertas a Cristo!».

_____

*9 de junio de 1991, Varsovia
(Polonia), homilía durante la
Santa Misa de beatificación de
Rafael Chylinski*

Tras el Concilio Vaticano II surgió la conciencia y la necesidad de una nueva evangelización en el antiguo continente, de las antiguas sociedades, de las sociedades cristianas. Pese a su antigüedad necesitan una nueva evangelización.

_____

*8 de abril de 1987, Salta
(Argentina)*

El mandamiento de la evangelización se refiere por tanto, a todas las naciones y estará vigente hasta el fin del mundo.

_____

*15 de septiembre de 1995,
Yaunde (Camerún), discurso
sobre el tema del sínodo
africano*

Porque las naciones viven con la cultura. El Evangelio, (…) se inscribe en la cultura y se convierte en un nuevo argumento.

_____

*Encíclica Veritatis
Splendor (107)*

La evangelización ,y de igual modo, la «nueva evangelización», son al mismo tiempo un anuncio y una propuesta moral.

_____

La nueva evangelización no consiste en anunciar un «nuevo evangelio», cuya fuente seríamos nosotros mismos, nuestra cultura, nuestro entendimiento de las necesidades del hombre. Eso no sería para nada «evangelio», sino simple invención humana, privada del poder de salvación. Pero la cultura no es la medida del Evangelio, sino que Jesucristo es la medida de toda cultura y de toda acción humana.

12 de octubre de 1992, República Dominicana, reunión general de la Conferencia del Episcopado de América Latina

———————

Cuando Cristo dijo: «¡No temáis!», de seguro que no lo hizo para invalidar de alguna forma sus propias exigencias. Por el contrario, con estas palabras confirma toda la verdad del Evangelio y todas las exigencias recogidas en él. Al tiempo que nos aclara que esas exigencias no quedan fuera del alcance del hombre.

«Cruzando el umbral de la esperanza», 1994

———————

La nueva evangelización necesita verdaderos testigos de la fe. Personas enraizadas en la cruz de Cristo y dispuestas al sacrificio en su nombre. Ya que el verdadero testimonio de fuerza vivificadora de la cruz lo da el que vence el pecado dentro de sí en su nombre, el egoísmo y todo el mal, y desea imitar el amor de Cristo hasta el final.

10 de junio de 1999, Siedlce (Polonia), homilía durante la Santa Misa

———————

La evangelización es también un encuentro con la cultura de cada época.

«Cruzando el umbral de la esperanza», 1994

———————

El anuncio del Evangelio no es prueba de una conquista temporal del poder, sino un servicio a Dios y al prójimo.

20 de septiembre de 1996, Sainte-Anne-d'Auray (Francia), a los peregrinos en el Santuario de Santa Ana

———————

Sin (...) una evangelización realizada por medio de la caridad y del testimonio de la pobreza cristiana, el anuncio del Evangelio (siendo el primer precepto de la caridad) puede no ser comprendido y ahogarnos en un mar de palabras, a las que ya nos encontramos continuamente expuestos en la sociedad contemporánea por los medios de información. La caridad de las obras otorga una irrefutable fuerza a la caridad de las palabras.

6 de enero de 2001, el Vaticano, Carta apostólica «Novo Millennio Ineunte» (50)

———————

Juan Pablo II orando en la Basílica de San Pedro.

3 de febrero de 1993, Cotonou (Benin), encuentro con los obispos

El Evangelio ayuda a empezar una nueva vida, a cribar lo equívoco o lo que no coincide con la tradición heredada de nuestros antepasados, con las costumbres traídas del extranjero.

Encíclica Redemptoris Missio (46)

Hoy el llamamiento a la conversión, dirigido por los misioneros a los no cristianos, se pone en tela de juicio o pasa en silencio. Se ve en él un acto de «proselitismo»; se dice que basta con ayudar a la gente a ser más humana y a creer más en su propia religión, que basta con construir una comunidad humana capaz de aplicar la justicia, la libertad, la paz, la solidaridad. Pero se olvida de que cada persona tiene derecho a escuchar la Buena Nueva de Dios, que se revela y se da en Cristo (…)

Encíclica Redemptoris Missio (42)

El hombre actual cree más a los testigos que a los maestros, más a la experiencia que a la doctrina, más a la vida y a los hechos que a las teorías. El testimonio de vida cristiana es la primera e insustituible forma de misión; somos continuadores de la misión de Cristo, el «testigo»…

Encíclica Redemptoris Missio (92)

Veo el amanecer de una nueva época misionera que se convertirá en un periodo resplandeciente y rico en frutos si todos los cristianos, y en especial los misioneros y las iglesias jóvenes, responden con generosidad y santidad al llamamiento y al desafío de nuestro tiempo.

«Cruzando el umbral de la esperanza», 1994

(…) el temor a Dios es la fuerza salvadora del Evangelio. Es creadora, nunca destructiva. Crea gente que se guía por la responsabilidad y por el amor responsable. Crea gente santa, es decir, verdaderos cristianos, en último término, el futuro del mundo pertenece a ellos .

---

27 de enero de 1999, Saint Louis (Estados Unidos), homilía en la Catedral del Sagrado Corazón de Jesús

Para el avance de la nueva evangelización hay que hacer especial hincapié en la familia y en la renovación del matrimonio cristiano.

Para anunciar la Buena Nueva a la gente de nuestro tiempo la Iglesia debe tomar en cuenta los distintos aspectos de sus culturas y los medios de comunicación, aunque esto no debe conducir a la deformación de su mensaje ni a la disminución de su significado ni de su alcance.

5 de mayo de 2001, Atenas (Grecia), Santa Misa en el Palacio de los Deportes

Si notamos una cierta contradicción entre lo que nos propone el Evangelio y nuestros sentimientos es porque estas palabras provienen del cielo y no de la Tierra.

8 de febrero de 1996, San Salvador (El Salvador), durante la Santa Misa en la explanada «Siglo XXI»

¿Qué ha ocurrido con la simiente del Evangelio en el suelo de las últimas generaciones? ¿Acaso cae en tierra fértil la semilla de los mandamientos ? ¿Puede que se trate de una tierra obstinada que no acoge la palabra de la verdad ? ¿No recoge acaso las exigencias de la moralidad que Dios concede al hombre, y al mismo tiempo la conciencia humana que, si es sana, se convierte en voz divina que anuncia el interior del hombre?

4 de junio de 1991, Lomza (Polonia), homilía durante la Santa Misa

El hombre, el camino de la Iglesia

(…) el hombre es el primer camino que debe recorrer la Iglesia para llevar a cabo su misión, es el camino básico y fundamental de la Iglesia.

Encíclica Redemptor Hominis (14)

Pese a los pecados de sus miembros, la Iglesia es ante todo una comunidad de aquellos que están llamados a la santidad y día a día intentan alcanzarla.

3 de septiembre de 1997, el Vaticano, catequesis

La Iglesia debe ser libre de anunciar el Evangelio, al igual que todas las normas en él contenidas y sus mandamientos. Anhela esa libertad, intenta conseguirla y debe bastarle. No busca ni quiere poseer privilegios especiales.

8 de junio de 1997, Cracovia, mensaje a la Conferencia Episcopal Polaca

9 de marzo de 1983, Ciudad Belice (Belice)	Recordemos que la unidad y la santidad en la Iglesia son inseparables.
10 de junio de 1979, Cracovia (Polonia), Santa Misa en la explanada de Blonie	Recordad que no existe el imperialismo de la Iglesia. Sólo el servicio. Sólo la muerte de Cristo en el Calvario. Sólo la acción del Espíritu Santo (…).
9 de junio de 1991, Varsovia (Polonia), a la Conferencia Episcopal Polaca, a los obispos del extranjero y a los religiosos reunidos	En este momento, en nombre de la teoría de que: «El hombre es el camino de la Iglesia», nos enfrentamos a nuevas tareas. El hombre debe encontrar en la Iglesia el espacio para defenderse de algún modo ante sí mismo: ante el mal uso de su libertad y ante el desperdicio de una gran oportunidad histórica para la nación.
10 de junio de 1987, Tarnow (Polonia), a los curas, monjes y monjas reunidos	Sois del pueblo y para el pueblo. Recordad que actuáis en nombre de la Iglesia, que hoy, de manera especial, expresa su preferencia en favor de los necesitados.
11 de junio de 1987, Szczecin (Polonia), a los seminaristas, curas y monjes	Debéis ser fieles a la Nación, acercáos al estilo de vida de cualquier familia común, e incluso más bien pobre.
30 de septiembre de 2001, el Vaticano, homilía de inauguración del Sínodo	Tenemos que ser profetas que adviertan con valentía de los pecados sociales que tienen su origen en el consumismo, el hedonismo y en la economía, que produce una inaceptable brecha entre lujo y pobreza, entre un reducido grupo de «ricos» e innumerables «lázaros» condenados a la miseria.
9 de junio de 1987, Lublín (Polonia), homilía durante la Santa Misa destinada a la ordenación de sacerdotes	Debemos exigirnos a nosotros mismos. El sacerdocio es exigente. Exige y al hacerlo, libera.

Los sistemas que crea el hombre siempre son imperfectos, mientras más vanidoso es el hombre, más imperfectos son.

«Cruzando el umbral de la esperanza», 1994

Negar a Dios priva a la persona de su fundamento, y, en consecuencia, conduce a una configuración del orden social en el que se ignora la dignidad humana y la responsabilidad personal.

Encíclica Centesimus Annus (13)

Todo hombre creyente es, de cierta manera, responsable del modo de vida social.

2 de junio de 1997, Legnica (Polonia), homilía durante la Santa Misa en el antiguo aeropuerto militar soviético

---

No podemos sucumbir ante las «provocaciones de la política» ni aceptar relaciones que actúan en nombre «únicamente de la justicia». No podemos permitir que se nos encierre en supuestas visiones globales que son en realidad unilaterales.

1 de junio de 1980, Issy-les-Moulineaux (Francia), ante la jerarquía de la Iglesia francesa

---

Ningún programa social puede sustituir nunca al Reino de Dios, es decir, al estado de perfección escatológica en la Tierra. Los mesianismos políticos conducen con frecuencia a las peores formas de tiranía.

11 de octubre de 1988, Estrasburgo (Francia), en la asamblea del Parlamento Europeo

---

Ya en la antigua Grecia descubrieron que no puede haber democracia sin la subordinación de todos a la ley, así como que cada ley debe basarse en la norma trascendente de la verdad y de la justicia.

11 de octubre de 1988, Estrasburgo (Francia), en la asamblea del Parlamento Europeo

---

La historia nos enseña que una democracia sin valores se transforma rápidamente en un totalitarismo evidente o encubierto.

Encíclica Centesimus Annus (46)

---

11 de junio de 1999, Varsovia (Polonia), discurso en el Parlamento

La realización del poder político, tanto en comunidad como en las instituciones que representan al país, debería ser un servicio ofrecido al hombre y a la sociedad, no una búsqueda de beneficios propios o de un grupo, olvidándose del bien común de toda la nación.

---

6 de mayo de 1980, Nairobi (Kenia), al cuerpo diplomático

El gobierno cuya razón de ser es la soberanía de la población, y al que se le ha encomendado conservar la independencia, no debería nunca perder de vista que su objetivo inicial es el bien común de todos sus habitantes, el bien de todos sin excepción, y no preocuparse sólo del bienestar de un grupo elegido.

Encíclica Evangelium Vitae (20)

(…) el derecho original e intransferible a la vida se convierte en tema de discusión o queda negado por la fuerza de las votaciones en el parlamento o por la voluntad de una parte de la sociedad, aunque sea mayoritaria. Se trata del dañino resultado de un incontrovertible dominio del relativismo: «el derecho» deja de ser derecho porque ya no se basa en el sólido fundamento de la inviolable dignidad del hombre, sino que queda subordinado a la voluntad del más fuerte. De esta manera la democracia, desviándose de sus propias teorías, se convierte básicamente en un sistema totalitario.

Encrucijadas del mundo contemporáneo

Encíclica Redemptor Hominis (16)

La situación (…) del hombre en el mundo contemporáneo parece alejada tanto de las exigencias objetivas del orden moral, como de las exigencias de la justicia y más aún, del amor social.

---

14 de abril de 1996, Cartago (Túnez), discurso a las autoridades nacionales

¿No es una paradoja que en el mundo moderno, en el cual la comunicación es cada vez más fácil y rápida, nuestro conocimiento mutuo sea cada vez más superficial?

El hombre vive cada vez más en el miedo. Vive con el miedo de que sus productos se puedan volver de manera radical en su contra (por supuesto, no todos, pero sí algunos, y más exactamente aquellos que contienen una parte especial del ingenio humano y de su espíritu emprendedor). La creación humana puede así convertirse en medio y en instrumento de una destrucción inimaginable, ante la cual todos los cataclismos y catástrofes que conocemos de la historia podrían palidecer.

Encíclica Redemptor Hominis (15)

La situación del mundo contemporáneo nos ofrece no sólo transformaciones que despiertan la esperanza en un futuro mejor para el hombre en la Tierra, sino que al mismo tiempo revela múltiples amenazas, que sobrepasan con mucho las conocidas hasta el momento.

Encíclica Dives in Misericordia (2)

Cristo enseña que el mundo no es la fuente de la dicha definitiva para el hombre. Por el contrario, puede convertirse en la fuente de su perdición. Este mundo, que se nos muestra como un gran producto del conocimiento creado por el hombre, entendido como progreso y civilización, un mundo regido por los medios de información, como una libertad democrática sin límites, un mundo así no puede hacer del todo feliz al hombre.

«Cruzando el umbral de la esperanza», 1994

¿Acaso no deberíamos ver en el abuso del sexo, en el alcoholismo o en la drogadicción señales alarmantes? ¿Acaso no nos muestran la gran soledad del hombre actual, su necesidad de protección, un hambre de amor que un mundo centrado sólo en sí mismo no puede saciar?

24 de junio de 1988, Eisenstadt (Austria), homilía durante la Santa Misa

---

«Benditos los pobres de espíritu». Ése es el llamamiento de Cristo que hoy debería escuchar todo cristiano, todo creyente. Hay una gran necesidad de personas abiertas a aceptar la verdad, la gracia y los grandes asuntos de Dios; gente de gran corazón que no se deja entusiasmar por el oropel de las riquezas de este mundo y que no permiten que éstas se apoderen de sus corazones.

8 de junio de 1999, Elk (Polonia), homilía durante la Santa Misa

---

57

9 de junio de 1989, Uppsala (Suecia), encuentro con la comunidad científica

Los fantásticos descubrimientos en el campo de la ciencia con seguridad merecen nuestra admiración, pero, al mismo tiempo, nos damos cuenta de su poder de destrucción, que puede hacer desaparecer la Tierra con todo lo que en ella hay. Por eso es necesario movilizar urgentemente la inteligencia y la conciencia.

---

6 de junio de 1992, Santo Tomé (islas de Santo Tomé y Príncipe), a los representantes de las autoridades civiles

Una de las grandes tentaciones de nuestro tiempo consiste en que las personas puedan llegar a sentirse demasiado seguras de su autosuficiencia y de esta manera envanecerse, cerrando sus mentes y sus corazones a la Palabra Divina.

---

7 de junio de 1999, Torún (Polonia), a los rectores de los centros superiores de enseñanza de Polonia

¡El mundo necesita hoy día de la esperanza y la busca! Pero, ¿acaso la dramática historia de nuestro siglo: sus guerras, las criminales ideologías totalitarias, los campos de concentración; acaso todo esto no incita más bien a la entrega, a la desgana y a la desesperación?

Encíclica Fides et Ratio (46)

En las investigaciones científicas se ha extendido paulatinamente la mentalidad positivista, que no sólo rompe todas las vinculaciones con la visión cristiana del mundo, sino, algo más importante, rechaza toda vinculación con la visión metafísica y moral. Como consecuencia, existe el peligro de que algunos científicos, rechazando cualquier relación ética, ya no sitúen en el centro de su atención a la persona y al conjunto de su vida. Aún más, una parte de ellos, conscientes de las posibilidades que ofrece el desarrollo de la técnica, parece rendirse no únicamente a la lógica del mercado, sino también a la tentación de conquistar un poder demiúrgico sobre la naturaleza, e incluso, sobre el ser humano mismo.

---

3 de octubre de 1997, Río de Janeiro (Brasil), a los participantes del Congreso Evangélico-Pastoral

La grandeza y la sabiduría de Dios se manifiesta en sus actos. Sin embargo, hoy día da la impresión de que los enemigos de Dios en vez de atacar de forma abierta al Autor de la creación, prefieren golpear su obra.

¿Acaso el mundo, la gran familia humana, que no deja de crecer, será capaz de conservarse y desarrollarse en medio de los crecientes contrastes entre Occidente y Oriente? ¿Del Sur respecto al Norte? Así está precisamente dividido y separado nuestro mundo contemporáneo. ¿Acaso el futuro, un futuro mejor, puede surgir del aumento de las diferencias y de los contrastes por el camino del enfrentamiento mutuo? La lucha de un sistema contra otro sistema, de una nación contra otra nación, en resumidas cuentas: ¡del hombre contra el hombre!

11 de junio de 1987, Gdynia (Polonia), a las gentes del mar, homilía durante la liturgia

Una visión deformada o incompleta del hombre hace que la ciencia se transforme fácilmente de algo beneficioso en una seria amenaza para el hombre. El desarrollo de las investigaciones científicas actuales confirman del todo estos temores. El hombre de ser sujeto y fin pasa hoy con frecuencia a ser objeto o, sencillamente, «materia prima»: basta recordar los experimentos de ingeniería genética que despiertan grandes esperanzas, pero al mismo tiempo generan grandes temores sobre el futuro de la especie humana.

8 de junio de 1997, Cracovia (Polonia), con ocasión de los 600 años del departamento de Teología de la Universidad Jaguelónica

En el mundo moderno existe una tendencia a reducir al hombre a una mera dimensión horizontal. Pero, ¿en qué se convierte el hombre sin una apertura al Absoluto? La respuesta radica no sólo en la experiencia de cada hombre, sino también está escrita en la historia de la humanidad con la sangre vertida en nombre de la ideología y los regímenes políticos que han querido construir una «nueva humanidad» sin Dios.

Encíclica Redemptoris Missio (8)

De nuevo la Iglesia inicia una batalla interior con el Espíritu Santo para recuperar el espíritu del mundo, que no es otra cosa que luchar en defensa del espíritu.

«Cruzando el umbral de la esperanza», 1994

Este mundo es rico y maravilloso, muestra ante el hombre sus múltiples riquezas, lo fascina, atrae su pensamiento y su voluntad. Pero no logra satisfacer su espíritu.

24 de agosto de 1997, París (Francia), homilía en la clausura de la celebración del Día Mundial de la Juventud

Juan Pablo II bendice a los feligreses reunidos en la Plaza de San Pedro.

Encíclica Dives in Misericordia (11)

La imagen del mundo actual, en el que se mezclan tanto los males físicos como los morales, de un mundo inmerso en el enfrentamiento y la tensión, lleno al mismo tiempo de amenazas dirigidas contra la libertad, la conciencia, la religión, explica esta intranquilidad que ha pasado a formar parte del hombre actual. Una intranquilidad que acosa no sólo los desfavorecidos o los que sufren abusos, sino también a aquellos que disfrutan de los privilegios de la riqueza, del progreso o del poder.

«Cruzando el umbral de la esperanza», 1994

El hombre moderno descubre de forma doble lo sagrado, aunque no siempre es capaz de llamarlo por su nombre.

1 de enero de 1998, el Vaticano, mensaje en el XXXI Día Mundial de la Paz

Si nuestro objetivo es la globalización sin marginación no podemos permitir que en el mundo entre nosotros vivan algunas personas inmensamente ricas y otras extremadamente pobres; indigentes que no poseen ni siquiera los productos de primera necesidad y gente que despilfarra sin recato lo necesario para otros. Estos contrastes suponen un ultraje a la dignidad del hombre.

1 de enero de 2001, el Vaticano, mensaje en el XXXIV Día Mundial de la Paz

Debido a sus importantes aspectos científicos y técnicos, los modelos culturales de Occidente fascinan y atraen, pero, por desgracia, resulta cada vez más evidente que provocan un paulatino empobrecimiento a nivel humano, espiritual y moral. La cultura que los crea tiene la dramática pretensión de querer realizar el bien del hombre prescindiendo de Dios, que es el Bien supremo.

25 de enero de 1999, Ciudad de México (México), en el Estadio Azteca

¿No es verdad que el mundo en el que vivimos es al mismo tiempo grande e imperfecto, maravilloso, pero a veces desorientado? ¿Acaso no es un mundo desarrollado en muchos aspectos, pero completamente atrasado en otros? No cabe duda de que este mundo, nuestro mundo, necesita de Cristo, Señor de la historia, quien aclara el misterio del hombre y su Evangelio le muestra al creyente el camino para encontrar la solución a los problemas más serios de nuestro tiempo.

El camino por el que debería ir la humanidad, de seguro no pasa por donde estamos ahora. ¿Acaso no es más apropiado creer que la civilización realmente se halla en una crisis a la que se puede enfrentar únicamente con una nueva civilización que reivindique el amor, basada en los valores universales de la paz, la solidaridad y la libertad?

28 de octubre de 1999, Roma (Italia), Reunión Interreligiosa

En los tiempos en que vivimos, con las condiciones de «globalización» de la economía, el problema de la deuda internacional es aún más atroz, aunque es la misma globalización la que muestra el camino hacia la solidaridad si queremos evitar una catástrofe universal.

3 de octubre de 1999, Roma (Italia), audiencia general

Estamos en el umbral de una era que conlleva a la vez grandes esperanzas y muchas interrogantes. ¿Cuáles serán las consecuencias de los cambios que se están produciendo? ¿Podrán *todas* las personas sacar provecho del mercado internacional? ¿Podrán *todos* finalmente encontrar la paz?

1 de enero de 1998, el Vaticano, mensaje en el XXXI Día Mundial de la Paz

La civilización de la muerte

Los cambios que sufre la mentalidad humana confirman que cada vez tiene más importancia en nuestra vida la conciencia del miedo al momento de morir, que es el destino de todo hombre. En este momento, la amenaza del SIDA ha llevado a la confrontación con este destino, una confrontación aún más aterradora, ya que el medio de transmisión de la muerte ha tomado la forma del amor y de la entrega a la vida.

5 de septiembre de 1990, Bujumbura (Burundi), en el encuentro con los obispos

¿Acaso la negación de la dignidad del hombre en los experimentos realizados con él o en la postura de muchas personas respecto al asesinato del feto o respecto a la eutanasia no son la expresión de una continua desaparición del respeto por la vida?

24 de junio de 1988, Eisnstadt (Austria), homilía durante la Santa Misa

1 de enero de 2001, el Vaticano, mensaje en el XXXIV Día Mundial de la Paz

Cualquier cultura que rechaza el vínculo con Dios pierde su propia alma y se desvía del buen camino, convirtiéndose en una cultura de muerte cuyo testimonio son los acontecimientos del siglo xx, y que conduce a la propagación del nihilismo, extendido hoy por amplios territorios del mundo occidental.

Encíclica Evangelium Vitae (64)

(...) cada vez es más fuerte la tentación de la eutanasia, es decir, apropiarse de la muerte, procurándola de manera anticipada y poniendo fin así «bondadosamente» a la propia vida y a la de otros. En realidad, lo que en principio podría parecer lógico y humanitario, después de un análisis más profundo resulta absurdo e inhumano.

---

4 de junio de 1997, Kalisz (Polonia), homilía durante la Santa Misa ante el santuario de san José

La medida de la civilización, la medida universal, atemporal, que recoge todas las culturas, es la relación de ésta con la vida. Una civilización que rechaza a los indefensos merece el nombre de bárbara. Incluso aunque haya conseguido grandes avances económicos, técnicos, artísticos o científicos. (...) En cambio es necesaria una amplia movilización de la conciencia y un esfuerzo ético común para poner en marcha una gran estrategia en defensa de la vida. Hoy día, el mundo se ha convertido en un campo de batalla por la vida. Continúa la lucha entre la civilización de la vida y la civilización de la muerte. Por eso es importante la construcción de una «cultura de la vida»: la creación de obras y modelos culturales que subrayen la grandeza y la dignidad de la vida humana (...).

---

15 de agosto de 1993, Denver (Estados Unidos), discurso de despedida en el aeropuerto de Stapleton

La cultura de la vida implica el respeto por la naturaleza y la defensa de la obra creada por Dios. Supone especialmente el respeto por la vida humana desde el momento de la concepción hasta la muerte natural.

---

18 de junio de 1983, Niepokalanow (Polonia), homilía durante la Santa Misa

(...) el amor es más fuerte que la muerte. El mundo necesita este testimonio para sacudirse las cadenas de esta civilización de la muerte que en algunos momentos le muestra de manera concreta su aspecto amenazador.

Nuestra época conoce tanto ejemplos de servicio magnánimo y de sacrificio por la vida, como también situaciones tristes en las que cientos de millones de seres humanos tienen un destino doloroso y cruel ante la brutalidad e indiferencia de otros. Este círculo vicioso de muerte incluye el asesinato y el suicidio, el aborto, la eutanasia, así como las mutilaciones, las torturas físicas y psíquicas, distintos modos de coacción, la prisión injustificada, la aplicación de la pena de muerte en situaciones en que no es imprescindible, las deportaciones, la esclavitud, la prostitución, el comercio con mujeres y con niños. A esta lista debemos añadir la práctica irresponsable de la ingeniería genética, como, por ejemplo, la clonación y la utilización de embriones humanos para trabajos de investigación que algunos intentan justificar alegando una ilegítima referencia a la libertad, al progreso de la cultura y a la promoción del desarrollo del hombre.

1 de enero de 2001, el Vaticano, mensaje en el XXXIV Día Mundial de la Paz

----

¿Hay alguna institución humana, algún parlamento tal que tenga derecho a legalizar el asesinato de un ser humano inocente e indefenso? ¿Quién tiene derecho a decir: «Se puede matar», incluso «Se debe matar», precisamente donde es más necesario proteger y ayudar a la vida?

4 de junio de 1991, Radom (Polonia), homilía durante la Santa Misa en el aeropuerto militar

----

Hoy la civilización de la muerte nos propone entre otras alternativas el llamado «amor libre». Con ella existe desde una deformación del amor hasta la profanación de uno de los valores más importantes y santos, pues el libertinaje no es ni puede ser amor ni libertad.

12 de junio de 1999, Sandomierz (Polonia), homilía durante la liturgia

----

¿Podemos oponernos a la destrucción en un mundo en el que en nombre del bienestar y de la comodidad se permite la muerte de los no nacidos, se provoca la muerte a los ancianos y enfermos, y en nombre del desarrollo se realizan intervenciones y manipulaciones ya en el mismo inicio de la vida humana? Cuando el bien de la ciencia o los intereses económicos quedan por encima del bien del hombre e incluso de toda la sociedad, entonces la destrucción que se genera se convierte en señal de verdadero desprecio por el hombre.

12 de junio de 1999, Sandomierz (Polonia), homilía durante la liturgia

----

Encíclica Evangelium Vitae (12)

(...) nos encontramos frente a una realidad más amplia que podemos calificar como una verdadera estructura del pecado: su rasgo característico es expandir una cultura contraria a la solidaridad, disfrazada en muchos casos de auténtica «cultura de muerte». Tal estructura está fuertemente promovida por poderosas corrientes culturales, económicas y políticas, sustentadoras de una concepción de la sociedad en la que el criterio más importante es el éxito.

El hombre, ¿señor de la Tierra?

Encíclica Redemptor Hominis (15)

En ocasiones, el hombre no es capaz de entender los diferentes significados de su medio natural y ve sólo aquellos que sirven a los fines inmediatos de uso y consumo. Sin embargo, el Creador quiso que el hombre se relacionara con la naturaleza como un «señor» y un «guardián» comprensivo e inteligente, y no como un «explotador» sin miramientos.

---

5 de junio de 1991, Bialystok (Polonia), homilía durante la Santa Misa de Boleslao Lament

La naturaleza sufre a causa del hombre. Deberíamos aprovechar el don de dominar la naturaleza con un sentimiento de responsabilidad, conscientes de que se trata de un bien común de toda la humanidad. Se trata también del séptimo mandamiento: «¡No robarás!»

---

12 de junio de 1999, Sandomierz (Polonia), homilía durante la liturgia

No es suficiente con observar las causas de la destrucción del mundo producto de la excesiva industrialización, por la aplicación sin mesura de descubrimientos científicos y tecnológicos a la industria y a la agricultura o por el abuso de las riquezas sin tomar en cuenta los efectos de nuestras acciones en el futuro. Aun cuando no se puede negar que tales actos conllevan grandes perjuicios, resulta sencillo comprender que su origen es más profundo, está en la base misma del hombre. Tenemos la sensación de que lo que más amenaza a la creación y al hombre es la falta de respeto por los derechos de la naturaleza y la desaparición del sentimiento del valor de la vida.

Los cristianos creen que Dios creó al hombre como señor de la Tierra. Pero esto significa que el hombre es responsable de la Tierra, que es más su servidor que su dueño. Y que debe entregar esta Tierra viva y fértil a las siguientes generaciones.

30 de abril de 1989, Antananarivo (Madagascar), discurso al cuerpo diplomático

---

La sociedad contemporánea no encontrará solución a la cuestión de la ecología si no revisa con seriedad su estilo de vida. En muchos lugares del mundo es amante del hedonismo y del consumo, desentendiéndose por completo de sus funestas consecuencias.

1 de enero de 1990, el Vaticano, mensaje en el XXIII Día Mundial de la Paz

---

Todos estamos conscientes de que el horizonte de la existencia de la familia humana, de varios miles de millones de personas, en el límite del segundo milenio después de Cristo parece anunciar la posibilidad de catástrofes y desastres a un nivel verdaderamente apocalíptico.
(...) ¿Por qué se ha alcanzado tal estado de amenaza para la humanidad en el globo terráqueo ?

31 de marzo de 1985, Roma (Italia), Carta a la juventud de todo el mundo «Parati semper»

El extraordinario desarrollo de la ciencia y el avance técnico plantean preguntas fundamentales sobre los límites de un experimento, sobre el sentido y la dirección del desarrollo técnico, sobre los límites de la injerencia del hombre en la naturaleza y en el medio natural. Esta actuación es a la vez fuente de fascinación y de temor.

7 de junio de 1999, Torún (Polonia), discurso a los rectores de las escuelas superiores de Polonia

---

¿Crecen de verdad (...) entre los hombres, el amor social, el respeto a los derechos de los demás –para todo hombre, nación o pueblo– o por el contrario, crecen los egoísmos de todo tipo, los nacionalismos exagerados (...) y la tendencia a dominar a los demás más allá de los derechos y méritos legítimos?

Encíclica Redemptor Hominis (15)

¡Nada a costa del hombre!

5 de junio de 1979, Czestochowa (Polonia), durante la Conferencia número 169 del Episcopado polaco

No hay que avergonzarse, como por desgracia ocurre a menudo, de la ciencia social de la Iglesia. Ella es la que avergüenza a los demás.

---

7 de junio de 1979, Oswiecim-Brzezinka (Polonia), durante la Santa Misa en la zona del antiguo campo de exterminio

Ninguna nación podrá desarrollarse a costa de otra. No podrá desarrollarse por el precio de otra, pagando su subordinación, conquista o esclavitud, pagando su explotación, y menos aún, por el precio de su muerte.

---

8 de junio de 1979, Cracovia (Polonia), discurso a la juventud (no transmitido)

No se puede medir el desarrollo de los valores de la propia economía. (…) No habrá un mundo mejor o un orden mejor de la vida actual si no se da preferencia a los valores del espíritu humano.

---

13 de junio de 1987, Varsovia (Polonia), a los representantes del mundo de la cultura en la Iglesia de la Santa Cruz

(…) ¡La economía debe tomar en cuenta a la cultura! ¡Debe tomar en cuenta a la ética! También se debe tomar en cuenta a sí misma. Porque todo está incluido coherentemente en la misma y única subjetividad: la del hombre y la de la sociedad.

---

1 de junio de 1980, Issy-les-Moulineaux (Francia), a la jerarquía de la Iglesia francesa

La Iglesia debe estar preparada para defender los derechos del hombre tanto en el trabajo como en todo sistema político y económico.

Encíclica Centesimus Annus (33)

Pese a todos los grandes cambios realizados en las sociedades más desarrolladas, las carencias humanas del capitalismo, que conduce a que las cosas prevalezcan por encima de las personas, están lejos de haber desaparecido; al contrario, los pobres sufren hoy no sólo a causa de la falta de bienes materiales, sino también por la falta de saber y de conocimientos que les impide salir de un estado humillante de subordinación.

La economía, como el trabajo, es para el hombre, y no el hombre para el trabajo, y tampoco el hombre para la economía. (…) El hombre debe ser siempre lo primero.

———————————

El verdadero desarrollo no puede consistir en una simple acumulación de riquezas y en la posibilidad de aprovechar los bienes y servicios al más alto nivel si esto se alcanza a costa del subdesarrollo de millones y sin considerar las escalas sociales, culturales y espirituales de la existencia humana.

———————————

Todos están de acuerdo en que la falta de pan, allí donde existe, supone un escándalo. Todos en la Tierra están de acuerdo en que nunca debería faltar el pan.

———————————

Evidentemente existe un profundo defecto, o más bien todo un conjunto de defectos, todo un mecanismo defectuoso en la base de la economía actual, en la base de toda la civilización material que no permite a la familia humana salir en modo alguno de una situación tan radicalmente injusta.

———————————

Una vez más debemos recordar aquel principio característico de la doctrina cristiana: los bienes de este mundo fueron originalmente destinados para todos. El derecho a la propiedad privada es justo y necesario, pero no anula la validez de este principio.

———————————

Como en los tiempos del antiguo capitalismo, cuando descansaba en el Estado la obligación de los derechos fundamentales del trabajo, hoy en día, frente al nuevo capitalismo descansa en el Estado y en toda la sociedad la obligación de defender los bienes comunes, que constituyen el único espacio en el que el hombre puede llevar a cabo de manera adecuada sus propios objetivos individuales.

———————————

8 de junio de 1987, Varsovia (Polonia), a los representantes de las autoridades nacionales en el castillo real

Encíclica Sollicitudo Rei Socialis (9)

10 de junio de 1987, Tarnow (Polonia), homilía durante la Santa Misa de la canonización de santa Carolina Kózkówna

Encíclica Dives in Misericordia (11)

Encíclica Sollicitudo Rei Socialis (42)

Encíclica Centesimus Annus (40)

Juan Pablo II saluda a una multitud en
San Juan de los Lagos, Jalisco, México.

1 de junio de 1997, Wroclaw (Polonia), durante la Santa Misa en la clausura del Congreso Eucarístico Internacional

Debemos recordar la verdad fundamental de que la Tierra es de Dios, y todas sus riquezas las entregó Dios a las manos del hombre para que éste las usara de forma justa, para que sirvieran al bien de todos. Ese es el verdadero destino de los bienes creados según la propia ley natural.

---

4 de enero de 1995, el Vaticano, encuentro con los rectores de los centros superiores de enseñanza de Polonia

En la actualidad han surgido nuevas dificultades y amenazas. Una de ellas, dentro del sistema de la democracia liberal y de libre mercado, es la teoría del utilitarismo radical. Se está extendiendo una forma de pensar cuyo criterio fundamental es el beneficio económico y como tal lo aplica a todas las áreas de la vida: también en lo que se refiere a la cultura y a la ciencia.

---

2 de junio de 1997, Legnica (Polonia), homilía durante la Santa Misa en el antiguo aeropuerto militar soviético

Como cristianos, como creyentes, tenemos que sensibilizar nuestras conciencias ante todo tipo de injusticias o formas de explotación evidentes o encubiertas.

---

1 de junio de 1997, Wroclaw (Polonia), durante la Santa Misa en la clausura del Congreso Eucarístico Internacional

¡En esta época de increíble desarrollo de la ciencia, la técnica y la tecnología, el drama del hambre es un gran desafío y una gran acusación! La Tierra puede alimentarnos a todos. ¿Por qué entonces hoy, a finales del siglo XX, miles de personas mueren de hambre? En este punto es decididamente necesaria una seria revisión de conciencia a escala mundial, una revisión de conciencia de la justicia social, de una elemental solidaridad internacional.

---

6 de enero de 2001, el Vaticano, Carta apostólica «Novo Millennio Ineunte» (50)

Nuestro mundo entra en un nuevo milenio cargado de las contradicciones de un crecimiento económico, cultural, técnico, que ofrece inmensas posibilidades para unos cuantos elegidos, y deja al margen del desarrollo a millones de personas, además de obligarlas a vivir muy por debajo del mínimo que se requiere para mantener la dignidad humana. ¿Cómo es posible que en nuestra época haya todavía gente que muera de hambre, que esté condenada al analfabetismo, que se quede sin acceso a la atención médica más elemental, que no tiene un techo dónde cobijarse?

El desarrollo y el avance económico no deben obtenerse a costa del hombre y de la disminución de sus exigencias básicas. Debe tratarse siempre de un desarrollo en el que el hombre sea sujeto, es decir, el principal punto de referencia. ¡El avance y el desarrollo no pueden realizarse a cualquier costo!

8 de junio de 1999, Elk (Polonia), homilía durante la Santa Misa

La pregunta sobre cuántos bebés y niños mueren cada día en África debido a que las provisiones existentes están quedando absorbidas por el pago de deudas no es para nada una pregunta retórica.

3 de mayo de 1989, Lusaca (Zambia), discurso a los diplomáticos en el Mulungushi Hall

El propio sistema económico no tiene en sí mismo criterios que permitan distinguir correctamente las nuevas y más elevadas formas de satisfacción de las necesidades humanas que son un obstáculo para la formación de una personalidad madura. Por ello es necesario y urgente un gran trabajo en lo que se refiere a la educación y a la cultura (…).

Encíclica Centesimus Annus (36)

La Europa del espíritu

Ayudemos a Europa a encontrar sus raíces, a sentir una identificación más profunda con su pasado.

5 de junio de 1989, Helsinki (Finlandia), discurso a los reunidos en el Finlandia Hall

Por tanto, no hay nada de extraño en que, precisamente ahora, cuando los cambios políticos fundamentales en esta parte del continente despiertan la esperanza en la construcción de una «Europa del espíritu», con la participación y la ayuda por parte de naciones esclavas hasta hace poco, la Iglesia sea de modo excepcional consciente del lugar que debe ocupar en la renovación espiritual y humana del «viejo continente». Desea ser testigo de la esperanza, pero también una firme defensora de los valores y tradiciones que conformaron una vez Europa y que pueden unificarla hoy.

8 de junio de 1991, Varsovia (Polonia), discurso al cuerpo diplomático

*9 de octubre de 1982,
Santiago de Compostela
(España), en presencia del rey
de España y de los dirigentes
de la Conferencia Episcopal*

(…) Europa, continente de muchos siglos, te dirijo este llamamiento con amor: ¡Encuéntrate de nuevo! Sé tú misma. Vuelve a tus orígenes, descubre tus raíces. Regresa a los valores auténticos, gracias a los cuales tu historia está llena de fama, y tu existencia de beneficio para otros continentes. Reconstruye tu unidad espiritual en una atmósfera de respeto hacia las otras religiones y hacia la verdadera libertad. Devuelve al César lo que es del César, y a Dios lo que es de Dios. (...) Que no te desanime la pérdida de protagonismo en el mundo ni la crisis social y cultural que te afecta. Puedes seguir siendo la chispa principal de la civilización y despertar al mundo entero al desarrollo.

*4 de mayo de 2001, Atenas
(Grecia), encuentro con el
presidente griego Constantinos
Stephanopoulos*

En los últimos tiempos han caído muchos muros, pero otros continúan en pie. La tarea de la unificación de las partes oriental y occidental de Europa sigue siendo difícil; hay todavía mucho que hacer para lograr un acuerdo entre los cristianos de Oriente y de Occidente, de forma que la Iglesia pueda respirar con sus dos pulmones.

*11 de junio de 1999, Varsovia
(Polonia), discurso en el
Parlamento*

He hablado de ello en numerosas ocasiones, usando la metáfora de los «dos pulmones» con los que debería respirar Europa, fusionando tanto la tradición de Oriente como la de Occidente. Pero en lugar de la esperada comunión del espíritu nos enfrentamos a nuevas divisiones y conflictos. Esta situación hace surgir en los políticos, en la gente de ciencias y de cultura, y en todos los cristianos una fuerte necesidad de nuevas acciones destinadas a alcanzar la integración europea.

*11 de diciembre de 2001, el
Vaticano, Santa Misa para los
círculos académicos de Roma*

Europa necesita un nuevo fermento intelectual, capaz de mostrar un modelo de vida basado en la disciplina, en la participación y en la entrega, sencillo en sus justos deseos, sincero en sus relaciones y transparente en su modo de comportarse. Es imprescindible tener un pensamiento valeroso, libre y creativo, dispuesto a contestar desde la perspectiva de la fe a las preguntas y a los desafíos que plantea la vida, para mostrar de forma clara las verdades absolutas del hombre.

¿Cómo podemos pensar en la construcción de una «casa común» para toda Europa si faltan los ladrillos de la conciencia humana, cocidos en el fuego del Evangelio, unidos con la argamasa del amor común, que es el fruto del amor de Dios?

3 de junio de 1997, Gniezno, (Polonia) homilía durante la Santa Misa en la plaza frente a la catedral

————————

Mi responsabilidad consiste en anunciar categóricamente la verdad, pues si los fundamentos religiosos y cristianos de este continente no influyeran en la ética y en la formación de la sociedad, esto significaría no sólo una negación de toda la herencia del pasado europeo, sino también una seria amenaza para un futuro honroso de los europeos. Y para todos nosotros sin excepción: creyentes y no creyentes.

11 de octubre de 1988, Estrasburgo (Francia), discurso ante el Parlamento Europeo

————————

¡Qué pobre resultaría la cultura europea si le hubiera faltado la inspiración cristiana! Por eso la Iglesia previene contra una visión reducida de Europa, que la piense sólo en sus aspectos económicos y políticos y en una relación poco crítica hacia un modelo consumista de vida. Si queremos que la nueva unidad de Europa sea duradera deberíamos construirla sobre los valores espirituales que la conformaron en su día, teniendo en consideración las riquezas y la variedad de culturas y tradiciones de las distintas naciones. En efecto, esta debe ser la gran comunidad europea del Espíritu. Aquí renuevo mi llamamiento, dirigido al viejo continente: «¡Europa, abre tus puertas a Cristo!»

11 de junio de 1999, Varsovia (Polonia), discurso en el Parlamento

————————

Tras las experiencias infinitamente dolorosas de nuestro siglo, tras tantas ideologías que se han venido abajo y que tuvieron como resultado crueles sistemas totalitarios, es indispensable buscar y recuperar las raíces de Europa.

16 de agosto de 1991, Cracovia (Polonia), discurso de despedida en el aeropuerto de Balice

————————

¿Acaso Cristo no lo desea, acaso el Espíritu Santo no ha decidido que este papa polaco, este papa eslavo, descubra precisamente ahora la unidad espiritual de la Europa cristiana, en la que coexisten dos grandes tradiciones, la de Oriente y la de Occidente?

3 de junio de 1979, Gniezno (Polonia)

75

19 de junio de 1998, Viena (Austria), discurso de bienvenida al presidente Thomas Klestil y al canciller Victor Klima

La idea del hombre creado a imagen y semejanza de Dios no es un objeto de museo, sino el fundamento de la Europa actual, en la que numerosos elementos de diferentes culturas, tradiciones étnicas y religiones pueden convertirse en basamentos para construir un nuevo edificio. Si olvidamos esta idea pondremos en peligro nuestra casa europea, precisamente la que estamos levantando.

---

2 de junio de 1979, Varsovia (Polonia), Santa Misa en la Plaza de la Victoria

¡Que descienda Tu Espíritu!
¡Que descienda Tu Espíritu!
Y renueve la faz de la Tierra.
¡De esta Tierra!
Amén

---

30 de mayo de 1993, el Vaticano, encuentro con los polacos

Pienso que la oración dirigida al Espíritu Santo para pedir la renovación de la faz de la Tierra se aplica en el caso de nuestra patria, que no deja de ser actual. Que esa oración llegue a todos aquellos a los que va dirigida.

---

3 de mayo de 1980, audiencia general, oración por la renovación moral de la nación

¡Espejo de la Justicia! Otórganos la gracia de comprender que la renovación de la Nación hay que comenzarla desde nuestro propio corazón. Vigila que no nos limitemos a quejarnos de los demás y a contar sus faltas.

Cracovia (Polonia), 10 de junio de 1997, discurso de despedida en el aeropuerto de Balice

La fidelidad a las raíces consiste sobre todo en la capacidad de construir un vínculo orgánico entre los valores seculares, que tantas veces se han confirmado en la historia, y los desafíos del mundo actual, entre la fe y la cultura, entre el Evangelio y la vida. Deseo a mis compatriotas y deseo a Polonia que pueda ser fiel a sí misma y a los compatriotas de los que surgió. Una Polonia fiel a sus raíces. Una Europa fiel a sus raíces.

No tengáis miedo. ¡Abrid, abrid de par en par las puertas a Jesús! Abrid las fronteras de los países a su poder salvador, los sistemas económicos, los sistemas políticos, los amplios territorios de la cultura, de la civilización, del desarrollo. ¡No tengáis miedo!

22 de octubre de 1978, discurso al inicio del pontificado

No permitáis que os guíen ideologías que anuncian una época de felicidad suprema y que siempre la aplazan al futuro. ¡Sed vosotros mismos! ¡Os aseguro que sois capaces de hacerlo!

12 de mayo de 1980, Costa de Marfil

La santidad no es algo exclusivo de algunas almas elegidas: todos estamos llamados a la santidad, todos sin excepción.

3 de mayo de 1987, Munich (República Federal Alemana)

La Iglesia os llama con mi voz a vivir una bella y emocionante aventura: ¡sed en nuestro tiempo hombres y mujeres de cultura y saber!

16 de mayo de 1985, Lovaina (Bélgica), encuentro con la comunidad universitaria

---

Debéis resistiros a la tentación de los adversarios del cristianismo, de aquellos que no creen en el diálogo ni en la unión y siempre recurren a la violencia, de aquellos que invariablemente prefieren la presión ideológica y militar a los acuerdos políticos.

12 de octubre de 1984, República Dominicana, ante la Conferencia Episcopal Latinoamericana

---

¡Que la sed del bien común venza al egoísmo y a las divisiones!

4 de junio de 1997, Czestochowa (Polonia), homilía en la capilla del Cuadro Milagroso en Jasna Góra

---

La sobriedad y la sencillez deberían ser el criterio de nuestra vida diaria.

1 de enero de 1993, el Vaticano, mensaje en el XXVI Día Mundial de la Paz

---

21 de enero de 1995, Colombo (Sri Lanka), encuentro con los representantes de distintas religiones

Hay que cuidar de las necesidades espirituales profundas si queremos proteger al individuo, a la familia y a la sociedad de una seria crisis de valores.

---

9 de junio de 1987, Lublín (Polonia), durante la visita al antiguo campo de concentración en Majdanek

Pero que todos recuerden, que sea este un momento de reflexión para todas las generaciones, que el hombre no puede convertirse en verdugo del hombre, que debe convertirse en hermano del hombre.

---

12 de junio de 1987, Gdansk (Polonia), homilía durante la Santa Misa para el mundo del trabajo

Os pido que seáis igual de solidarios con el Papa en esta oración y en esta meditación. Hay que mirar al futuro y hay que conservar las fuerzas del espíritu y del cuerpo para el futuro.

---

12 de junio de 1987, Czestochowa (Polonia), Llamamiento en Jasna Góra

¡No podemos dejarnos tentar! ¡No podemos jugar con el mal! ¡No se puede «vender» al hombre por un beneficio momentáneo y miserable, conseguido gracias a la debilidad humana y a los defectos! ¡No podemos aprovecharnos y aumentar esa debilidad humana! ¡No podemos permitir la degradación del hombre, de la sociedad cuando se ha aceptado la responsabilidad de la historia!

---

9 de junio de 1991, Varsovia (Polonia), discurso de despedida en el aeropuerto de Okecie

«No apaguéis vuestro espíritu» también quiere decir no permitáis convertiros en esclavos de las distintas variedades de materialismo que empequeñecen el campo de visión de los valores y que, por consiguiente, empequeñecen al propio hombre.

---

1 de junio de 1997, Wroclaw (Polonia), durante la Misa de clausura del Congreso Eucarístico Internacional

(…) ¡Hay que poner fin a la plaga del hambre! Que la solidaridad se sitúe por encima de la irrefrenable sed de beneficio y arriba de la aplicación de las leyes del mercado que no toman en cuenta los derechos intransferibles del hombre.

En cada uno de nosotros pesa una pequeña parte de la responsabilidad de este estado de injusticia.

¡No entristezcamos al Espíritu Santo! No opongamos resistencia a su ayuda, invisible, y, sin embargo, más real que todas las «fuerzas» visibles y dañinas producidas por el hombre moderno.

13 de agosto de 1991, Cracovia (Polonia), homilía durante la Santa Misa de la beatificación de Aniela Salawa

---

«No robarás» significa no abusarás de tu poder sobre la propiedad, no abusarás de manera que otros sean miserables por eso (…).

5 de junio de 1991, Bialystok (Polonia), homilía durante la Santa Misa en la beatificación de Boleslao Lament

---

Construyamos… O mejor dicho: reconstruyamos, porque mucho ha sido destrozado…, destruido en las personas, en las conciencias humanas, en las costumbres, en la opinión pública, en los medios de comunicación.

4 de junio de 1991, Radom (Polonia), homilía durante la Santa Misa en el aeropuerto militar

---

Intentemos encontrar el significado y el valor íntegros de la verdad: de una verdad que libera, la libertad por medio de la verdad. Nunca fuera de la verdad. Fuera de la verdad, la libertad no es libertad. Es apariencia. Es incluso esclavitud.

6 de junio de 1991, Olsztyn (Polonia), homilía durante la Santa Misa

---

No temáis la santidad. Intentad alcanzar con valentía la medida total de la humanidad.¡Exigíos a vosotros mismos, incluso aunque otros no os lo exijan!

2 de junio de 1977, Gorzow Wielkopolski (Polonia), homilía en la liturgia ante la iglesia de los Hermanos Mártires Polacos

---

¡No os dejéis cautivar! No permitáis que os esclavicen, no os dejéis tentar por falsos valores, por verdades a medias, por el encanto de espejismos de los que más tarde os despertareis con desencanto, heridos, e incluso tal vez con la vida destrozada.

3 de junio de 1997, Poznan, a la juventud, homilía durante la liturgia en la Plaza de Mickiewicz

---

Cread una cultura rural en la que junto a las novedades que traen los tiempos quede, como en una casa bien organizada, lugar para las cosas antiguas, santificadas por la tradición, afirmadas por la verdad de los siglos.

10 de junio de 1997, Krosno (Polonia), homilía durante la Santa Misa de la canonización de san Juan de Dukla

---

Juan Pablo II entre una
multitud en el Vaticano.

Varsovia (Polonia), 9 de junio de 1991, oficio religioso ecuménico en la Iglesia Evangélica de la Santísima Trinidad

¡Ojalá que el amor mutuo se expresara primero en el perdón y después en la búsqueda de la verdad!

_____

6 de junio de 1997, Zakopane (Eslovaquia), durante la Santa Misa de beatificación de Bernarda María Jabłońska y María Karlowska

Amados hermanos y hermanas, no os avergoncéis de la cruz. Intentad cada día tomar la cruz y corresponder al amor de Cristo. Defended la cruz, no permitáis que se ofenda el nombre de Dios en vuestros corazones, en la vida pública y en la vida familiar.

_____

1 de junio de 1997, Wroclaw (Polonia), clausura del Congreso Eucarístico Internacional

¡Seamos capaces de compartir el pan con aquellos que no lo tienen o que tienen menos que nosotros! ¡Seamos capaces de abrir nuestros corazones a las necesidades de nuestros hermanos y hermanas que sufren a causa de la miseria y de la indigencia! A veces se avergüenzan de reconocerlo, ocultan su pobreza. Hay que alargar hacia ellos discretamente una mano hermana llena de ayuda.

_____

27 de enero de 1999, Saint Louis (Estados Unidos), homilía en la Catedral del Santísimo Corazón de Jesús

Renuevo el llamamiento que emití hace poco en el mensaje de Navidad, para que se elimine la pena de muerte, una práctica cruel y, al mismo tiempo, innecesaria.

_____

10 de junio de 1999, Siedlce (Polonia), homilía durante la Santa Misa

La cruz, como en el pasado, debe seguir estando presente en nuestra vida dirigiendo nuestras acciones y siendo una luz que aclare toda nuestra vida.

_____

19 de agosto de 1985, Casablanca (Marruecos), encuentro con la juventud islámica a petición del rey Hassan II

Nadie debería aprovecharse de su prójimo; a nadie se le permite condenar a su hermano.

_____

1 de enero de 2002, el Vaticano, mensaje en el XXXV Día Mundial de la Paz

Ojalá que en estos tiempos tan agitados la familia humana encuentre una paz auténtica y duradera, una paz tal que nazca exclusivamente de la unión de la justicia con la compasión.

_____

No temáis vivir en oposición a la opinión común y a las propuestas que se oponen a la verdad de Dios. El valor de la fe tiene un alto precio, ¡pero vosotros no podéis perder el amor! ¡No os dejéis cautivar! ¡No os dejéis llevar por ilusiones de felicidad por las que deberéis pagar un precio demasiado alto, el precio de heridas a menudo incurables o incluso con la propia vida destrozada!

12 de junio de 1999, Sandomierz (Polonia), homilía durante la Santa Misa

Sed los creadores de una nueva humanidad

No es cierto que el Papa guíe a los jóvenes de un extremo a otro del planeta. Son ellos los que lo guían a él.

«Cruzando el umbral de la esperanza», 1994

No incluyáis en el proyecto de vuestra vida un contenido empobrecido y falso; el amor «se alegra junto a la verdad». ¡Buscad esa verdad allí donde realmente se encuentra! ¡Si es necesario, estad dispuestos a ir a contracorriente de las ideas comunes y de los lemas manidos! No temáis al amor que presenta exigencias al hombre.

Carta a los jóvenes de todo el mundo «Parati semper», con ocasión del Año Internacional de la juventud

Una característica peculiar de los jóvenes de nuestro tiempo es la apertura: una apertura a la gran diversidad cultural del mundo. Pero debéis estar igualmente abiertos a Jesús.

10 de junio de 1989, Vadstena (Suecia), encuentro con la juventud escandinava

Sois la esperanza de la Iglesia y del mundo: ¡sois mi esperanza!

22 de octubre de 1978, a los jóvenes el día de la inauguración del pontificado

¡Sed vosotros mismos! Qué importante es esto para el hombre, especialmente para el hombre contemporáneo, sobre todo para la juventud actual que a veces busca con gran dificultad cómo expresarse de modo auténtico y aceptarse a sí misma.

14 de septiembre de 1984, Toronto (Canadá), encuentro con los polacos residentes en el extranjero

1 de mayo de 1997, Beirut (Líbano), encuentro con la juventud en la Basílica de la Santa Madre de Líbano

En la vida diaria aprended a tender la mano a la unificación, para que la desconfianza deje lugar a la confianza mutua.

---

28 de enero de 1985, Caracas (Venezuela), a la juventud en el Estadio Olímpico

Es verdad que el Papa se considera un amigo, muy cercano, de la juventud y de sus esperanzas.

---

19 de marzo de 1994, el Vaticano, Carta a los jefes de Estado en la conferencia internacional sobre el tema de la población y el desarrollo en El Cairo

En el umbral del año 2000, ¿cómo no pensar en la juventud? ¿Qué se le está ofreciendo? Una sociedad de «cosas», y no de «personas». El derecho a actuar libremente desde los tempranos años, sin freno, pero justo por ello con mucha «seguridad». Vemos que la entrega desinteresada de sí mismo, el dominio de los impulsos, el sentimiento de responsabilidad: son consideradas nociones de otra época.

---

28 de noviembre de 1986, Melbourne (Australia), encuentro con los polacos y los representantes de otras naciones

Queridos jóvenes amigos, necesitáis una sabiduría especial, una capacidad especial para realizar una síntesis de lo pasado con lo presente y de lo que está por venir. La corriente de la vida os lleva más allá de la verdadera realidad, más allá de la escala de valores verdaderos. Por eso no os permitáis la dispersión, no os entreguéis a ella, aunque la favorezca la vida contemporánea, no os entreguéis a la engañosa fascinación del materialismo. No os rindáis a las frustraciones que siguen las huellas de esta civilización materialista; la civilización de la coexistencia y del uso.

---

25 de enero de 1999, Ciudad de México (México), en el Estadio Azteca

En la nueva época que nace, en la época de la informática y de los poderosos medios de comunicación, que se dirigen hacia una globalización económica y social cada vez más completa, vosotros, mis jóvenes amigos, y todos los de vuestra edad, deberíais ante todo abrir los corazones y la inteligencia a la enseñanza de Jesús y a amar a Dios. Sólo de esa forma se puede apartar el peligro de que el mundo y la historia pierdan su alma fascinados por los descubrimientos técnicos, pero privados de esperanza y del profundo sentimiento de sentido.

¡Vosotros, queridos jóvenes, sed fuertes y libres ! No os dejeis llevar por ilusorias visiones de felicidad barata. Id por el camino de Cristo: Él es exigente, es cierto, pero gracias a Él podréis conocer el verdadero sentido de la vida y encontrar paz en el corazón.

24 de junio, Kiev (Ucrania), Santa Misa en el aeropuerto deportivo de Chaika

---

Educar sin un sistema de valores que se fundamente en la verdad, significa condenar a la gente joven a la perdición moral, arrebatarles el sentimiento de seguridad y hacerles vulnerables a la manipulación.

12 de agosto de 1993, Denver (Estados Unidos), Día Mundial de la Juventud, discurso de bienvenida en el aeropuerto de Stapleton

---

No os entreguéis a la mediocridad, no os rindáis a los dictados de una moda siempre cambiante que propone un estilo de vida en desacuerdo con los ideales cristianos, no permitáis que os engañen con las ilusiones del consumismo. Cristo os llama a cosas grandes. No le desilusionéis, porque de esa forma vosotros mismos os encontraríais con el desengaño.

15 de agosto de 1991, Czestochowa (Polonia), discurso de despedida a la juventud

---

¡Os llamo para que construyáis los puentes del diálogo con vuestros padres! ¡Nada de aislamientos! ¡Diálogo! ¡Amor! ¡Elegid ser una sana influencia para la sociedad, destruid las barreras que se han levantado entre las generaciones! ¡Fuera barreras! Buscad una comunidad de generaciones. Comunidad de padres, de hijos e hijas. ¡Comunidad!

15 de agosto de 1995, Manila (Filipinas), durante la Santa Misa en la clausura del Día Mundial de la Juventud

---

Querida juventud de todas las lenguas y culturas, os espera una tarea sublime y arrebatadora: tenéis que ser personas que logren mostrar solidaridad, conservar la paz y amar la vida respetando a todos. ¡Sed creadores de una nueva humanidad en la que todos los hermanos y las hermanas pertenezcan a una sola familia y puedan, finalmente, vivir en paz!

1 de enero de 2001, el Vaticano, mensaje en el XXXIV Día Mundial de la Paz

Hambre de oración

19 de agosto de 1985, Casablanca (Marruecos), encuentro con la juventud islámica a petición del rey Hassan II

El hombre no puede vivir sin oración, igual que no puede vivir sin respirar.

«Cruzando el umbral de la esperanza», 1994

¿Qué es la oración? Con frecuencia se dice que es una especie de conversación. En ella siempre hay un «yo» y un «tú». En este caso «Tú» se escribe con T mayúscula.

28 de mayo de 1996, el Vaticano, Carta al obispo de Lieja con ocasión del 750 aniversario de la fiesta de Corpus Christi

La relación con Cristo en el silencio y en la contemplación no nos aleja de nuestra gente, al contrario: nos sensibiliza y nos abre a sus alegrías y a sus tristezas, amplía nuestros corazones para que puedan abarcar el mundo entero.

Encíclica Dominum et Vivificantem (65)

Una idea bella y salvadora es pensar que en cualquier sitio donde alguien rece en el mundo allí está el Espíritu Santo, el vivificador aliento de la oración. Es hermoso reconocer que si la oración se difunde por todo el orbe, en el pasado, en el presente y en el futuro, de igual modo se extiende la presencia y la acción del Espíritu Santo, que «alienta» la oración en el corazón del hombre en distintas situaciones y condiciones, unas que favorecen la vida espiritual y religiosa y otras que no.

«Cruzando el umbral de la esperanza», 1994

Siempre empezamos una oración con la idea de que es iniciativa nuestra. Sin embargo, es siempre una iniciativa de Dios en nosotros.

6 de enero de 2001, el Vaticano, Carta apostólica «Novo Millennio Ineunte» (33)

¿Acaso no es un «signo de nuestro tiempo» que pese a los procesos de secularización que observamos en el mundo haya una gran necesidad de espiritualidad, que en gran medida se manifiesta precisamente como una nueva hambre de oración?

Recuerdo que el Padre me dio en cierta ocasión un librito para el oficio religioso, en el que había una oración al Espíritu Santo. Me dijo que pronunciara esa oración todos los días. Y así procuro hacerlo.

«Cruzando el umbral de la esperanza», 1994

———————————

Nuestra difícil época necesita especialmente de la oración.

Encíclica Dominum et Vivificantem (65)

———————————

Vivimos hoy en la época del primado de la comunicación. Pero, ¿acaso comprendéis qué tipo de comunicación es la oración? La oración nos permite encontrar a Dios en el plano más profundo de nuestro ser. (…) Por la oración aprendéis a ser la «claridad del mundo», porque en la oración os unificáis con la fuente de la verdadera claridad, que es el mismo Jesús.

26 de enero de 1999, Saint Louis (Estados Unidos), a la juventud

———————————

Por la oración Dios se aparece a todos como Compasión, lo que quiere decir como un Amor que va al encuentro del hombre que sufre, como un Amor que nos eleva, que nos levanta de la caída, que invita a la confianza.

«Cruzando el umbral de la esperanza», 1994

———————————

La oración es también la revelación de aquel abismo que es el corazón del hombre: una profundidad que es de Dios y que sólo Dios puede colmar, precisamente con el Espíritu Santo.

Encíclica Dominum et Vivificantem (65)

Juan Pablo II *celebra una misa de beatificación en Maribor, Eslovenia.*

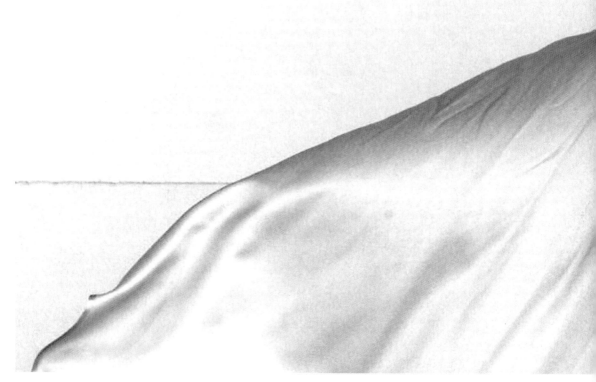

Máximas

3 de junio de 1979, Varsovia (Polonia), por la tarde, a la juventud frente a la Iglesia de Santa Ana

Porque no resulta en absoluto interesante que aplaudan, que griten bravo, sino ¡cuándo gritan bravo!

5 de octubre de 1986, Lyon (Francia), diálogo con la juventud en el estadio Gerland

El Espíritu Santo no permite que se le ensordezca.

22 de noviembre de 1986, Wellington (Nueva Zelandia), homilía durante la Santa Misa en el Athletic Park

(…) la paz del corazón es el corazón de la paz (…).

1 de enero de 1991, el Vaticano, mensaje en el XXIV Día Mundial de la Paz

Es una paradoja el hecho de que los que en el pasado fueron víctimas de distintas formas de intolerancia tengan tendencia a la creación de nuevas situaciones de intolerancia.

3 de junio de 1991, Lubaczow (Polonia), homilía durante la Santa Misa

Lo más importante es quién se es, y no cuánto se posee.

5 de junio de 1979, Czestochowa (Polonia), discurso a las órdenes religiosas femeninas y a los religiosos reunidos

El Evangelio actúa con la fuerza de la atracción divina, pero esta atracción divina siempre se vale de la gente.

8 de junio de 1979, Cracovia (Polonia), discurso a la juventud (no transmitido)

Si tenemos que caminar juntos, debemos cuidar del camino por el que transitamos.

1 de enero de 1988, Mensaje en el Día Mundial de la Paz (1)

La libertad es el privilegio más noble del hombre.

6 de junio de 1991, Olsztyn (Polonia), homilía durante la Santa Misa

No sirve de mucho la libertad de palabra si la palabra pronunciada no es libre.

90

Sólo la verdad nos hace libres.

6 de junio de 1991, Olsztyn (Polonia), homilía durante la Santa Misa

———————————

Porque estas dos cosas van juntas: la libertad y el pecado.

10 de junio de 1987, Cracovia (Polonia), palabras dirigidas a los jóvenes frente a la sede del arzobispado

———————————

La peor cárcel para el hombre sería un corazón cerrado y endurecido, y el peor mal, la desesperación.

7 de junio de 1991, Plock (Polonia), discurso a los presos en el centro penitenciario

———————————

(…) el espíritu no conoce los límites biológicos del desarrollo. Y precisamente por ello no sucumbe al proceso de envejecimiento.

15 de agosto de 1991, Czestochowa (Polonia), discurso de despedida a la juventud

———————————

Debemos aceptarnos mutuamente, porque Cristo nos aceptó.

10 de septiembre de 1993, Tallinn (Estonia), discurso improvisado tras la Santa Misa en la Plaza de Tallinn

———————————

El hombre no ha sido creado para estar solo.

Encíclica Fides et Ratio (31)

———————————

No se puede entender al hombre sin Cristo.

3 de junio de 1997, Gniezno (Polonia), homilía durante la Santa Misa en la plaza frente a la catedral

———————————

Es verdaderamente grande el hombre que quiere aprender algo.

14 de junio de 1999, Lowicz (Polonia), homilía durante la Santa Misa

———————————

A veces hay que tener el coraje de tomar el camino por el que aún no ha transitado nadie.

10 de junio de 1979, Cracovia-Balice (Polonia), discurso antes del vuelo a Roma

———————————

¿De qué no debemos tener miedo? No tenemos que tener miedo de saber la verdad sobre nosotros mismos.

«Cruzando el umbral de la esperanza», 1994

———————————

Encíclica Ut Unum Sint (9)

(…) la unidad concedida por el Espíritu Santo no consiste en que la gente se reúna en una sociedad que sea tan solo una simple suma de personas.

---

26 de mayo de 1982, audiencia general en la Plaza de San Pedro

El valor es indispensable para ser verdaderamente prudente; e indispensable es la prudencia para ser verdaderamente valiente.

---

20 de abril de 2003, mensaje pascual Urbi et Orbi

Si un viento contrario obstaculiza el camino de los pueblos,
Si se hace borrascoso el mar de la historia,
¡que nadie ceda al desaliento y a la desconfianza!

---

26 de enero de 1979, Ciudad de México (México), homilía durante la Santa Misa

No habrá fidelidad si no hubiere en la raíz esta ardiente, paciente, y generosa búsqueda, si no se hallara en el corazón del hombre una pregunta para la cual sólo Dios tiene respuesta, mejor dicho, para la cual sólo Dios es la respuesta.

Juan Pablo II en Anzio, Italia.

*Dzięki macierzyńskiej pomocy Maryi
każda rodzina chrześcijańska może
stać się prawdziwie, domowym kościołem;
w którym odzwierciedli się i życiem wyrazi
tajemnica Kościoła Chrystusowego
(„Familiaris consortio")*

Jan Paweł II papież
Boże Narodzenie 1987.

*Tarjeta de felicitación por la Navidad de 1987 que
Juan Pablo II le envía a su amigo Jerzy Skoryna, por
sus trabajos a favor de la iglesia de Polonia y de México.*

Cortesía de Jerzy Skoryna

Índice

Créditos fotográficos:

Para referencias:

La mayoría de los textos de Juan Pablo II están escritos en una prosa que el pontífice va numerando según el desarrollo que va haciendo de sus ideas. Estas secciones pueden ser largas o breves según el caso.

Los lectores que tengan interés en revisar los textos completos de las encíclicas, homilías, cartas, mensajes y discursos de Juan Pablo II pueden acudir a la página electrónica de la Santa Sede:

www.vatican.va/holy_father/john_paul__ii/index. htm